谈判
先要会提问

打破谈判僵局的 10 个关键问题

Ask for More
10 Questions to Negotiate Anything

[美]亚历山德拉·卡特（Alexandra Carter） ___著 王政___译

中信出版集团｜北京

图书在版编目（CIP）数据

谈判先要会提问：打破谈判僵局的 10 个关键问题 /（美）亚历山德拉·卡特著；王政译. -- 北京：中信出版社，2022.12（2024.8 重印）

书名原文：Ask for More: 10 Questions to Negotiate Anything

ISBN 978-7-5217-4819-2

I. ①谈⋯ II. ①亚⋯ ②王⋯ III. ①谈判 IV. ① C912.35

中国版本图书馆 CIP 数据核字（2022）第 201947 号

Ask for More
Original English language edition copyright © 2020 by ABC Resolutions, LLC
All Rights Reserved.
Published by arrangement with the original publisher, Simon & Schuster, Inc.
Simplified Chinese translation copyright © 2022 by CITIC PRESS CORPORATION
本书仅限中国大陆地区发行销售

谈判先要会提问——打破谈判僵局的 10 个关键问题
著者：　　[美]亚历山德拉·卡特
译者：　　王政
出版发行：中信出版集团股份有限公司
　　　　　（北京市朝阳区东三环北路 27 号嘉铭中心　邮编　100020）
承印者：　河北鹏润印刷有限公司

开本：880mm×1230mm　1/32　印张：9.25　　字数：180 千字
版次：2022 年 12 月第 1 版　　印次：2024 年 8 月第 2 次印刷
京权图字：01-2020-3448　　书号：ISBN 978-7-5217-4819-2
定价：65.00 元

版权所有·侵权必究
如有印刷、装订问题，本公司负责调换。
服务热线：400-600-8099
投稿邮箱：author@citicpub.com

目 录

推荐序   3

序言   9

上篇　认知自我：问自己 5 个问题

问题一　我想解决什么问题？   011

熟练掌握定义问题的 5 个步骤，明确问题是掌控谈判的关键第一步。

问题二　我需要什么？   033

列出你的有形需要和无形需要，将其深化、具体化，记下你经常想到的词语或主题，然后汇总，这将帮助你明确自己的需要。

问题三　我的感受是什么？   063

浏览情绪清单，它将帮助你理解自己的真实感受。恭喜你，随着你对自己的了解越发深入，你在谈判中收获越多。

问题四　我从前是如何成功处理这种事的？   089

回想自己通过努力取得成功的经历，你就找到了解决新问题的突破口。

问题五　第一步是什么？   107

当你觉得无解时，换个环境，或者找出最糟糕的选项，这将有助于你认清怎样做可能更好。

下篇 看清他人：问对方 5 个问题

问题六　告诉我……　　　　　　　　　　　　　143
你需要向对方提出开放式问题：告诉我……
这个问题能带来信任、创造力、理解和令人赞叹的解决方案。

问题七　你需要什么？　　　　　　　　　　　163
从对方的需要入手比从要求入手更容易实现谈判目标。

问题八　你的顾虑是什么？　　　　　　　　181
询问对方的顾虑是了解其需要的好办法，能为双方解决根本问题铺平道路。不问顾虑就埋头干，很容易因弄错方向而做无用功。

问题九　你从前是如何成功处理这种事的？　　197
引导对方说出成功往事，能够帮助对方获得权力感和自信，这将助力谈判取得成功。

问题十　第一步是什么？　　　　　　　　　　213
询问对方"第一步是什么"对谈判有益，因为即使一方已充分了解谈判主题，询问另一方他们倾向的第一步行动也能为双方带来好处。

收入囊中：赢得谈判　　　　　　　　　　　　233

致谢　　　　　　　　　　　　　　　　　　　　249
注释　　　　　　　　　　　　　　　　　　　　255

推荐序

有的知识是珍珠，有的知识是丝线

一

教授谈判的知识会遇到一个挑战，就是在真实的世界里，在那些人与人电光石火切磋交互的霎时，当事人不可能完全回忆起"谈判与冲突解决"课堂上那些需要花一个学期习得的系统性知识结构，不可能从容不迫地打开那只精巧的工具箱，然后从中准确无误地拣选出最有效的工具，这一切都来不及。结果是，虽然所学皆为珠玉，但往往一上场就撒了一地。不用时拿来把玩可以，用时常常上手乏力。

那怎么办呢？

你要意识到，不仅在谈判中，也包括在广义的人际沟通领域，你需要收集珍珠，也需要求取丝线，用这些线把珍珠串连起来、融贯起来。只有这样，在你需要取用这些知识时，抬手抓取的便不是散落无状的珠子，而是一串精巧、透亮的项链。

二

为了提供这样的项链，哈佛大学心理学家、哈佛国际谈判项目创始人丹尼尔·夏皮罗使用的是理论的方法。他延续和发展了基本需求理论，用核心需求（Core Needs）这个概念把谈判中林林总总的情绪波澜简化为五，又化五为一，从而让微妙的人际互动回归清晰的要素分析。沃顿商学院的谈判策略研究专家理查德·谢尔则是不断强调对谈判的战略性预演，他设计的那张周全、翔实的谈判准备列表是对谈判理论的操作性浓缩，有助于你在各种各样可能出现的状况下不预不立地筹谋。我本人的方法则是把抽象的知识转化为具象的隐喻，让学生们牢牢记住四个故事——四个关于如何分饼的故事，用一套剧情和四个桥段串联起利益、选项、标准与替代方案等谈判中的核心要素，从而借用故事的黏性创造知识之间的融贯与连接。

在这本书中，亚历山德拉·卡特的方法则是为复杂的谈判情景梳理出 10 个根本问题，其中 5 个问题是问自己的，包括"我想解决什么问题""我需要什么""我的感受是什么""我从前是如何成功处理这种事的""第一步是什么"，另外 5 个问题是问对方的，包括"告诉我……""你需要什么""你的顾虑是什么""你从前是如何成功处理这种事的""第一步是什么"。这 10 个问题不仅简单明了、可操作性强，而且从谈判与冲突解决的专业角度看，它们确实覆盖了从谈判战略到策略的核心维度。

三

值得一提的是，这些问题中有一半是在问自己。几乎所有谈判理论都会强调利益需求，都会提醒我们一定要去洞察对方的利益需求，然后将表层的立场（卡特称之为要求）与深层的利益（卡特称之为需要）区分开，从而直达对方真正在意的"重要"。了解需求的过程当然需要我们以合适的提问去触达对方（卡特列出了 5 个这样的问题），但我们容易忽视的是，我们很少用合适的问题追问自己。

而且，于己于人，"重要"都是一个高度个人、高度主观的判断。说到底，什么重要、什么不重要，不能客观地、可称可量地呈现在我们面前，而是需要依凭主体的价值认知来判断。同一件事、同一个需求对一些人而言可能极为重要，但对另一些人而言不过尔尔。所以，对利益需求的理解不能脱离对意义问题的探问与追寻。"什么是我的需求""什么对我来说重要"，这是一场指向人心深处的孤独之行，我们需要在不同的感受中、在不同的境遇下、在遭遇了情绪变动的时候，不断锤炼对自我需求的探问，从而谙熟于自己，最终接纳自己、清醒自己。我们常说"想得清楚，才能讲得清楚"，但"想得清楚"这件事需要通过正确问题的引导完成自我训练才能真正实现。这本书便提供了这样的问题，以及这样的引导。当你阅读那些指向自我深层心理维度的追问时，你就获得了一个了解自我的机会，甚至是发现自我的机会。当你对自己的理解是诚实的、真切的时，至少在谈判中，你可以清楚地设立己方的目标、期望甚至梦想。跟随这几个问题，你边阅读边进入自己与自己对话的现场——安全的、舒适的、坦率的、对情绪有所觉察的、对过往有所反思的自我对话。你会在这本书提供的由问题构成的连贯丝线中，将谈判的各种知识串联，更重要的是，把自己与即将进行的谈判过程也串联起来。

四

最后，我想提醒各位读者，英文与中文阅读的一些细微差别。

阅读中文著作，我们往往期待作者有非常清晰的逻辑框架，一上来就讲清楚定义，说明白概念，然后纲举目张，切分场景，先说道理，再讲例子，由此系统交付结构明晰的干货内容。说到底，我们以教科书的体例为基础样本，来期待文字内容的构造。

然而，至少在我自己所研究的谈判与冲突解决领域，西方的很多著作不是这样写的。作者会在讲解中增加个人独白、情景故事甚至内心的感慨。这种写作风格有时会使国内读者错以为这是一本故事读本（这是我的学生们在读完谈判领域的经典作品《谈判力》后告诉我的感受）。

理解这种差异非常重要，有利于我们以更适合的姿态进入作品。我个人的建议是，你需要阅读得慢一点儿，在阅读中增加些许暂停，然后融入自己的经验和感受，以某种能与作者对话的心态阅读，我相信这样会让你收获更多。

五

你准备好了吗？无论你有多少与谈判相关的经验，都会在这本书的阅读中，最终把自己的体验与阅读的收获凝结成一根牢牢的丝线。记住这本书中提供给你的几个关键问题，它们将帮助你把复杂、微妙、变动的谈判知识连珠成线。

熊浩
复旦大学法学院副教授
"谈澄"首席导师

序言

我们通过自己发问的勇气和回答的深度让世界变得充满意义。[1]

——卡尔·萨根

是什么让你拿起这本书？

也许你想更舒服地谈判。你希望通过谈判获得一次晋升或加薪，或者是一举两得。你希望在争取你值得拥有的事物时充满自信。

也许你是一位创业者，想要创立自己的公司。你希望拥有更多的忠诚客户，并从生意中获得更多的价值。可能你在思考换一份工作，希望找到自己热爱的事业。

也有可能你拿起本书的原因和工作毫不相干，比如你正和某人闹矛盾，而这耗费了你的心神，你希望能在关系中获得更多的理解。

无论你的处境如何，现在你手中正握着制胜法宝：10 个问题就能帮你驾驭任何谈判。

通过提问进行谈判听起来可能有悖直觉。20 年前，我尚未学习冲突解决时，曾认为谈判就是赢得观点或提出要求。20年后，我成为一名训练有素的调解员，在解决了数百起冲突之后，我学到了一个简单而深刻的道理：在谈判中，相比争论，提问会让你获得更多的价值。

当你提出有关自己和他人的正确问题时，就打开了一扇超乎想象的、能够创造价值的窗——交流之窗。用提问的方式引导谈判，不仅能帮你守住底线，还能帮你与他人建立联系，改善私人关系和职场关系。

当你改变问题时，实则改变了谈话。在本书中，我们将讨论问题的**魔力**——不是所有问题，而是开放式问题。一个好的开放式问题将创造机遇、达成交易，成为你的一项新谈判技能。

通过提问获取更多信息还意味着从一开始就先和自己谈判。在任何环境中谈判的第一步都是和自己谈判。在你坐下和别人谈判前，先花时间问自己一些问题，这会帮助你在接下来的谈判过程中获得更多的价值和乐趣，也有助于你准备得更充分。我将引导你学会向自己提问，让你在任何谈判中都充满自信。

最后，本书将改变你思考谈判本身的方式。我将告诉你谈判的全新定义。在新定义下，谈判将跳出公司的董事会和政客的演说，进入我们的日常生活——工作、生活和梦想；谈判将更多地关乎倾听，而非表现；谈判将允许你在做自己的同时，在每一次互动中创造更多价值；谈判还将帮助你超越一次次简单的握手，创造出一生受用的价值。

用提问获取更多信息

很多时候，我们从接受的教育中获知谈判是陈述，是摆出论点，是主导谈话，而非提出问题。这样的谈判意味着你已知晓所有的答案，争取达到自己的目的，同时阻止对方达到他的目的。如果非要提问，我们应该只问自己已经知道答案的问题。

这种将自己的想法施加给他人的谈判理念不但让许多人对谈判望而却步，而且本身是无效的。照着镜子练习论点陈述并不能让你成为谈判专家，因为这不是谈判，而是演说。当你坐下和别人谈判并试图用这些论点主导谈判时，对方不太可能听你的，而且往往会反驳你的论点，使其可信度大大降低。

我在职业生涯中曾和成千上万的谈判者共事，我可以毫不迟疑地指出一间谈判室里谁是谈判专家。谈判专家知道他们在谈判中最大的优势不是咄咄逼人的威吓，而是洞悉局势的智慧。专业的谈判要求你对谈判双方非常了解，并能通过一次谈话为双方带来价值。然而，大多数人不会提出正确的问题以使自己具备这种智慧。研究表明，分享有关自己的信息，或是获得有关对手的正确信息，都能在很大程度上使谈判者受益，然而只有 7% 的人在谈判中提出了好问题。[2] 如果你在谈判之初就摆出自己的论点，或是提出错误的问题,你不仅会错失达成理解共识的机会,还可能以遭受损失结束谈判。[3]

但这不是必然的结果。

什么是谈判?

筹备本书的写作时,我采访了数百个来自十几个国家、不同职业的人,询问他们对谈判的定义。采访前,我就隐约觉得大多数受访者对这个词会有消极的看法,果然,许多受访者将"谈判"定义成类似于"来回讨论以达成共识的过程",半数受访者使用了"妥协"或"让步",事实上就是"损失"的意思。对受访者而言,谈判近似于放弃或让步。

换言之,大多数人将谈判看作为了获得具体结果才去做的事,而在过程中又不得不接受损失。

无论是在字典、图书还是电视节目里,你常常会看到类似的定义:人们就政治理念或贸易价格展开讨论,争取达成共识。比如,一些字典里的定义包括:

- 个人或群体为达成共识的正式谈话,尤见于商业或政治领域。[4]
- 怀有不同目标或意图的人之间展开的正式谈话,尤见于商业和政治,为的是达成共识。[5]

结果，我们被教会用一种狭隘的方式思考谈判，大多数的人和问题都因此被排除在外。在价格和政治地位的交易中真的只有谈判吗？谈判真的只是达成协议或合约前的讨价还价吗？

谈判的新定义

在教人们谈判的时候，我会在一开始展示一幅蕴藏观点的图片，图上有一艘皮划艇正在穿越一连串的海蚀洞穴。你能看到船头和船桨，碧波清澈，海蚀洞穴就在前方。我会问学员："你觉得这幅图和谈判有何关联？"大多数人看着图片，会给出以下常见的回答，比如"谈判关乎战略决策，你需要选择一个自己想要的'穴'"、"谈判意味着选择眼前最好的选项"或"谈判是推进你取得想要的结果"。

以上是用一种相当狭隘、结果导向的方式来解释谈判的。我对谈判的理解来自一种完全不同的定义，你打开《韦氏高阶词典》，会发现 negotiate（谈判）一词的词条：

negotiate〈动〉：成功行进或穿越。

当你的皮划艇驶过海蚀洞穴，或者当你穿越登山小径，换言之，当你成功地向目的地方向行进时，你在做什么？你在引导。而我的工作就是教你在谈判中引导关系。

我喜欢皮划艇的隐喻，因为它揭示了谈判的诸多方面。你如何引导皮划艇沿着正确的方向行驶？你需要不断地划桨。即使你只需继续行驶在既定航线，你仍需要有稳定的节奏，左右调整，以继续理想的航程。如果我们停止引导，皮划艇会怎么样呢？它会继续行驶，但可能不是朝着我们的目标方向，风和水流等外力将使它偏离既定航线。皮划艇的隐喻还告诉我们关于谈判的另一件事：信息正确才能准确引导。如果对信息视而不见、充耳不闻，你就不能指望到达目的地。你需要观察波浪、感受风向，你的所见、所闻、所感都将帮助你准确地引导方向，最终实现目标。

我们所有人都能从更持续的引导和更优质的信息中获益，然而我们往往不这样做，因为我们接受的教育告诉我们，只有谈钱的时候才会谈判，只有政客和商人才需要谈判，所以我们经常放弃引导。我们放下船桨，坐等一年一次的加薪谈判，或者等到我们认为身陷危机时才进行谈判。有时候，我们是在引导，但是引导得很随意，因为并没有正确的信息帮助我们谋划如何抵达目的地。

因此，如果你将谈判看作驾驶皮划艇会怎样呢？首先，这意味着你不会等到合同摆在了桌面上再和你的老板或客户谈判，你也不会等到关系陷入危机后才展开谈话。相反，你会在每次谈话中持续引导关系，而且你会正确理解信息，从而帮助你通过引导实现目标。你还会提出很棒的问题，并通过在良好的倾听中获取信息，帮助自己达成协议。总之，你会有目的地展开谈话，并将这些谈话作为关系谈判的一部分。

如果能持续引导关系，你就会在确实需要谈钱、与客户谈判或是与忘记给孩子报名参加夏令营的爱人谈话时取得更好的结果。这不仅意味着达成更多、更有利的交易，还意味着更亲密的关系，其产生的价值远胜金钱。

新的谈判方式：调解引导

如果这听起来不像你惯用的谈判方式，那就对了。我总是以不同的方式思考谈判，我想这要追溯到我刚开始学习谈判的时候。那时我还是哥伦比亚大学法学院的学生，开始倒着学习谈判——先学调解。这两者有什么差别呢？谈判是你争取自己想要的事物的过程，而调解是外界第三方帮助两人或多人彼此谈判以达成共赢目标的过程。调解员不会站在任何一边，也不会向各谈判方提供正确答案。相反，他引导人们提出正确的问题，更清晰地从全局考虑问题，以此帮助各谈判方更有针对性地谈判，并找出更多凭一己之力难以发现的隐藏价值。在我的专业领域，很多人先学谈判再学调解（如果他们学过调解），所以他们错失了有助于自己成为更好的谈判者的调解技能。

在过去 15 年里，我作为一名调解员、外界第三方，帮助过成千上万的人通过谈判达成他们的目标。坐在那把中立的椅子上，我曾清楚地看到许多人采取一种以自我为中心、争论式的方法进行谈判，结果一次次地事与愿违，致使谈判陷入僵局。我还逐渐发现了一种真正奏效的谈判方法。作为调解员，我的很大一部分工作就是倾听并提出有关谈判双方的有效问题——当谈判者学会为自己这么做时，他就能获得最好的结果。

所以当我教授谈判时，我的目标是通过一种方法帮助所有人，而不仅是商人和政界人士，当然，他们也是谈判者。不管你是谁、做什么工作，本书中的问题都能帮助你应对一切谈判。学会这种方法，你获得的将远不止一次握手的机会，还有一些具有魔力的体悟——附加价值、清晰、理解、个人转变，我已帮助成千上万的人在调解中获得上述体悟。

这就是本书英文书名"Ask for more"中"more"的含义。

引导的最佳方式：提出正确的问题

为实现有效引导，你需要观察、倾听并理解自己的处境。联合国资深外交官、助理秘书长尼基尔·赛斯（Nikhil Seth）告诉我，老一套的谈判和外交方法（将你的牌藏在背心里，然后找机会让你的对手大吃一惊）已经不再奏效。如今，只要敲击键盘，海量的信息就能在世界范围内流转，因此你很难让对手感到意外。

相反，赛斯发现谈判的核心是做到透明——获取并分享正确的信息。

关于谈判和领导力的最新研究证明了这一点。[6]最佳谈判者和领导者懂得提出正确的问题，并以此获得正确的信息，从而达成更好的协议。

然而，在这个信息超载的时代，做到透明实际上比看起来难很多。我们争取无视网上的讨论、他人的意见甚至自己的期待，从而真正审视自己，想清楚我们是谁、我们需要什么。而当我们努力看清自己的时候，我们无可避免地忽视了周围的人——我们的客户、同事、伴侣和对手。这种他人视角的缺失会带来各种挑战，包括谈判失败、关系的疏离或破碎，还有客户服务停滞。

在谈判中获取更多信息包括提出正确的问题——关于你自己和他人的问题。哪些问题导致谈判倒退？哪些问题为谈判成功铺平道路？

用网捕鱼：开放式问题的力量

诚然，大多数人在谈判中提的问题都不够多。即使他们提出了足够多的问题，这些问题也往往使他们偏离而非靠近目标。

我作为一名教授和调解员，早在职业生涯初期就对研究问题感兴趣。在哥伦比亚大学法学院任教的第二年，我受邀前往巴西的海滨城市福塔莱萨授课。一天清晨，我趁着在学校主讲的调解讲座尚未开始，日出时分便离开宾馆，到附近的穆库里皮海滩散步。

在沙滩上，我看到一种叫"詹加达斯"（jangadas）的传统捕鱼船，或者说是木筏，装着一船沉甸甸的捕捞物正在靠岸。渔民将网撒开摊在沙滩上，各种待售海鲜映入眼帘，有鳕鱼、金枪鱼、小虾，甚至有饼状的赤魟，可谓琳琅满目。

站在沙滩上，我想起住在纽约州科帕格祖母家的时光。祖母的房子位于海滨，我和其他小孩会握着一根钓鱼竿，把钓线伸入海湾的水里，一站就是好几个小时，期待在收线时能钓到一条鱼。

霎时间的灵感让我急忙赶回宾馆房间，重新修改我的课程讲义。

那天清晨站在福塔莱萨的海滩上，我意识到人们在提问时容易语塞的原因之一就是：当我们提问时，我们是在用钓线钓鱼，而不是用网捕鱼，也就是说，我们提出的封闭式问题给予我们的信息非常有限，并且常常是无用的。

以下问题属于封闭式问题：

• 我能说服该客户来公司升级他的软件包吗？

• 我应该回到全职工作状态，还是百无聊赖地继续待在家？

• 你难道无法理解我们今年需要存钱吗？

- 老板会给我的基本工资加 10 000 美元吗？

那么，你如何分辨自己提出的问题是不是封闭式问题呢？举个例子，设想你要问我有关最近一次旅行的情况，比如说去印度，你会怎么问呢？

我在谈判工作坊进行这种面谈练习时，大多数学员会问我："你喜欢印度吗""你去了哪座城市""那边的食物是不是很辣"。这些听起来像是开放式问题，实际是吗？不是，它们都是封闭式问题，这种问题容易得到"是"、"否"或其他仅为一个词的答案。每当你提出封闭式问题，你都在用钓线钓鱼。

你想知道如何轻松避免提出过多封闭式问题吗？请看以下方法。

不要以"是不是"或"会不会"之类的词提问，比如"印度会不会很热啊""训练是不是顺利啊""你会不会有时差反应啊""我是不是应该请个导游带我去泰姬陵游览"。大多数时候，如果你用这类词提问，你就是在问一个封闭式问题。

通常，我们意识不到自己在这么做。当你和最好的朋友交谈时，你可能会问"你是不是喜欢印度"这样的封闭式问题，而你的朋友可能会分享一些问题之外的内容："是啊，我喜欢印度！这次旅行最有趣的一件事是……"但如果你只是和一个熟人交谈，或是一个正和你闹矛盾的人呢？你很可能只能得到一句简单的回答——"是"。

现在你懂得了这一点，你会对日常生活中有关你和他人的大量封闭式问题感到震惊。当你提出封闭式问题时，你就是在用钓线钓鱼，你充其量会钓到一条鱼，或是两手空空地离开。

什么是开放式问题？

一个真正的开放式问题能够获得有关大量话题的全面答案，并促使回答者告诉你事实信息、内心情感和活动细节，还能让你更理解回答者对自己的看法。就像我在福塔莱萨的第一天告诉学员的那样，用渔网捕鱼会让你得到许多具有挑战性的优质信息。你可能会在收回一吨活鱼的同时捞出一些腐臭的死鱼，或是一堆沉重的海藻。但和那个用钓线钓鱼的人比起来，你先进多了。

可能你想知道"开放式"和"封闭式"在谈判之外的分别。利齐·阿萨（Lizzie Assa）是一名儿童游戏专家，她告诉我即使是儿童玩具也有开放式和封闭式之分。那么差别在哪里呢？如果是开放式玩具，像一组基本形状不同的积木，孩子（或大人）可以堆出任何东西：第一天是可以攀爬的墙，第二天是树木，第三天是一村子的人。开放式玩具促进语言能力、社交能力和创造能力的提升（听起来很熟悉吗）。然而，一组消防站造型的积木意味着你只能堆出一样东西——消防站，封闭式玩具有助于训练孩子的专注力和执行力。

同样，如果我们只是想尽快完成一个简单的任务，封闭式问题很奏效；如果我们想要解决一个具有挑战性的问题，更好地理解问题，更好地和他人沟通并发挥创造力，我们就需要开放式问题。

回到印度：最佳的开放式问题

你可能想知道你问我印度之旅的时候，什么是最佳的开放式问题？答案很有意思，因为这个问题甚至都不是以问号结束的，它就是：告诉我你的印度之旅！

这个问题撒了一张大网。回答这个问题的时候，我可能会告诉你这是我第一次前往印度，临行前我很紧张，因为我刚做了一个脚部的大手术，仍是一瘸一拐的，正在恢复。我可能会告诉你我很兴奋，因为我们在德里高等法院举办的调解研讨会吸引了一大群积极的听众，而且我非常惊喜地发现这里有家庭般温馨的职场文化，首席大法官还邀请我们去她家和她的母亲共进晚餐。我可能会向你描述在泰姬陵观日出时的敬畏，对学生出色工作的骄傲，因为小女儿思念我而感到愧疚，或是对洋葱烤饼的喜爱。我还可能告诉你我多么期待回家。"告诉我"是一个充满魔力的问题，它将整个世界展现在你的视野里。接下来的文字会证明这一点。

10个开放式问题：获取更多信息的框架

本书包含了 10 个几乎适用于任何谈判、商业事务或关系冲突的问题。在本书中，你将学习怎样提出这 10 个问题，这将改变你谈判、交易、维护关系和实现梦想的方式。

请注意这些不是安全的问题——封闭式问题，就像钓鱼爱好者习惯带上一根钓鱼竿和一个桶就出门。相反，我们将大胆提问，提出开放式问题，这些问题能够挖掘出那些出人意料的、内心深处的宝藏。

问自己 5 个问题：知己

人们学习谈判的时候很容易马上将注意力放在谈判的当下，即关注面谈、打电话、发邮件时发生的事。你是否应该首先报价？你是否应该先评估对方的策略再决定自己的？你是怎么提要求的？

许多人把坐下谈判的时刻作为学习谈判的开始，这就好比你和奶奶学习做番茄酱，却从番茄酱和意大利面搅拌的时刻学起，那你肯定是学不到精髓的！任何谈判、任何引导性谈话，都必须从你开始。你需要从一开始就引导，在坐下和他人谈之前先向自己提出正确的问题。最佳的谈判、关系、互动都是从你开始的——自我发现的过程会帮助你清楚自己是谁、想要什么。

本书的前5个问题是问你自己的,这些开放式问题将帮助你网罗内心深处的想法,让自己照镜子。自身认知在达成交易和解决冲突的过程中至关重要,同样重要的还有明确你的目的并找到生活中的幸福,而这些问题能帮到你。

很多时候,促使人们最初走进我的调解办公室的并不是他们内心深处最关心的事物,他们的问题绕不开财务纠纷、夫妻争吵或一纸合约,从没有问过自己能超越上述的问题。当我问他们这些问题的时候,我们在寻找导致冲突的真正原因——一切变得充满意义,包括我们在接下来的谈判中要达成的目标。这就是我所说的心灵之镜。

问对方5个问题:知彼

在本书上篇中,我们向自己提出了5个问题,而下篇是应在谈判中向别人提出的5个问题。你将用这些问题打开与他人的交流之窗。

就像你用上篇的问题实现自我认知,下篇的问题将帮你认识他人。当今社会比之前任何时代都更需要这种知彼的能力。在美国,关于政治与社会生态的研究显示我们的对立分化比之前任何时候都更严重[7],调查还显示人们在踏入职场时欠缺足够的解决冲突的能力[8]。我们只有超越自己惯有的待人接物的方式，与人互动，才能深入地交谈，引导家庭、公司和社会的进步。与他人交谈时，我们需要勇气和方法。

尼基尔·赛斯在观察联合国的时候和我得出了一样的结论："和志趣相投的人交谈很容易，我们和自己交谈的次数远比穿过走廊（和他人沟通）的次数要多。谈判中真正奏效的是鼓足勇气走出去——尝试理解另一个人或另一群人的观点，你必须跨出这一步。"

在提出问题和倾听答案的过程中，我将帮助你像审视自己一样看清他人。你将透彻地看清你的伴侣、老板和对手——他们争吵什么、相信什么、感觉如何、需要什么。这种认识很稀缺，它不仅有助于达成交易、推进关系，而且能化解最具挑战性的冲突。这就是交流之窗。

收入囊中：总结你的谈判

读罢本书，你将会改变自我提问和询问他人的方式。通过提出更好的问题，你将获得更好的答案。这些问题将丰富你看待世界的视角，并帮助你找准自己在其中的位置；这些问题将拓宽你看待周围的人的视野；这些问题还将帮助你在面对不同情况时具备更积极的心态、更现实的对策和更具创造力的思维，开启人生新篇章。

  然而，本书的旅程不会以问题本身结束。正如在本书一开始卡尔·萨根的名言所揭示的，大胆提问是让世界充满意义的开始，而非结束，我们通过回答的深度让世界充满意义——不管你理解的意义是什么。

上篇

认知自我

问自己 5 个问题

向自己提出正确的问题

你一定明白这种感觉：一名潜在客户打电话来问"我想聘请你，怎么收费"；你的伴侣或室友发短信问你为什么还没交房租；一位面试官问你理想的薪酬是多少；你十来岁的孩子交给你一张老师留的便条，便条上说你的孩子又没完成作业；房产中介员发邮件给你，催促你报价。

然后你会忍不住马上回复，不管是接电话、打字，还是发语音消息。

等等，稳住。在本篇中，你将学到如何在短时间内（半小时内）向自己提出 5 个有效的问题（并回答），从而获得更好的谈判结果，并在和他人谈判时更加自信。

在如今这个外向型的世界上，我们很多时候在扮演角色或关注他人，并不习惯向自己提问。许多人无论从事哪种行业，所接受的教育都是把谈判力及领导力和讲话关联在一起，或者不仅是讲话——谈判成功意味着拥有全部答案。

自我提问和谈判（有效引导关系）之间有何关联呢？事实证明关联相当大。组织心理学家塔莎·欧里希（Tasha Eurich）最近的研究发现自我意识和有效领导之间有决定性的关联[1]，而有效的领导力就包括谈判的熟练度。但不是所有自我意识都是平等的，事实上有两种不同的自我意识：内在的和外在的。[2] 内在的自我意识是深入自己内心深处发现真我的能力：我们的优先事项、需要、情感、目标、强项和弱点。[3] 外在的自我意识是我们调查他人如何看待我们的能力。[4] 猜猜我们大多数人偏向哪种自我意识？当我们关注他人如何看待我们，而妨碍了真正了解自己的时候，换句话说，当我们有高度的外在自我意识和较低的内在自我意识的时候，我们很可能做出背离自身价值观和优先原则的事。[5]

此外，当欧里希博士和她的团队致力于探索如何提高自我意识时[6]，猜猜他们发现了什么？深刻的自我反省取决于我们对自己提出的问题[7]，但不是所有问题都有助于反省。事实上，他们发现大多数人都在问自己错误的问题。[8]

人们想要得到有关自身的看法时，提出的最无效的问题之一就是"为什么"——"为什么这次谈判没有进展"或"为什么我不能提出自己的观点"，这类问题容易引发我们抱怨自己或他人。研究显示，当我们问自己"为什么"的时候，我们会产生一种自我辩白的情绪并导致歪曲且自私的回答。这种现象非常普遍，我到哪里都能见到，并且它经常造成潜在的毁灭性后果。2017年拉斯韦加斯赌场枪击事件中，凶犯在曼德勒海湾酒店的一间套房持冲锋枪扫射人群，导致超过50人遇害身亡。案发几天后，我在《纽约时报》上读到一篇文章，该文章称枪击案后接踵而至的是美国民众关于"为什么"的沉重追问。[9]

在这充满挑战的时代，"为什么"不是我们最需要提出的问题。

"为什么"是一种回顾，它往往试图将问题特殊化，归因于肇事者。更严重的是，"为什么"容易让人成为逃避者。当我们觉得自己理解为什么某人会做某事时，我们就能指责那个"为什么"的理由，并理解我们是怎样因此疏离的。

在本书中，你不会看到"为什么"的问题，我也不会在谈判中提出"为什么"的问题。当我们问自己或他人"为什么"时，我们得到的是自私的、不准确的答案。相比而言，我更喜欢问"是什么"的问题。比如，当别人问"为什么我会那样做"时，我可能会问"是什么让我做出那样的决定"。那些向自己提出"是什么"这一问题的谈判者一般拥有更高水平的自我意识[10]，从而更好地达成交易、建立更好的关系。

我们大多数人不习惯自我提问也在情理之中。我们很少尝试和自己交谈，即使我们这么做，也经常不知道什么是正确的问题。珍妮特是一名人力资源主管，她曾告诉我一个故事，能够证明这一点。她当时和一位名叫德博拉的高管一起工作，德博拉对一位最近刚转到她这一组的雇员感到非常不满意，就和珍妮特诉苦说这位雇员不知道她行事的喜好，她也没工夫训练他，想找其他优秀的人选。

珍妮特问德博拉"优秀的雇员是什么样的"，并留出时间让德博拉思考这一问题。德博拉想了一分钟后说："优秀的雇员要有良好的写作能力，镇定自信，关注细节，有良好的态度和决断力。因为我不能总是教这些事情……"然后德博拉的声音逐渐消失，她再次停顿后，忽然眼睛一亮，看着珍妮特说："好的，我刚明白了。他确实有我想要的品质，我只需对他更加耐心一些，再教他几招。"珍妮特告诉我："这个问题的魔力在于我提出问题之后再也不用说什么。事实上，德博拉后来还打电话给我，称赞我是个天才，因为她的新雇员学得很快。"

通过本篇中的一个问题（参见问题二），德博拉听到了她自己的想法，并学到了一些改变她对整个局势的看法及改变局势本身的技能。她的雇员无疑是优秀的，就是需要她在这位雇员身上稍微投入一些。那次交流之后，德博拉花时间教了他几招，使整个团队开始向好的方向发展。

有助于谈判双赢的 5 个方法

在接下来的章节里,你将问自己适用于所有谈判的 5 个绝佳问题。现在就开始这项工作吧。我准备了 5 个简单的提示来帮助你。

提示一:**创造时机**。很多时候,我作为调解员所带来的价值是为大家创造了一个能够排除干扰、直面问题的谈判机会。我提供一个能让大家专注的安静的中立环境,放置饮料和零食让大家感到舒适放松,我竭尽所能地提供谈话需要的一切。你也可以像我这样做,给自己留足时间,将其视作一件约定好的事,就像去看医生或和老板开会一样。

提示二:**写下你的答案**。大多数人在参加重要会议、需要倾听他人意见时,都会带上记事本或设备做记录。记笔记不仅体现出尊重,还被证实能帮助我们更好地记事。[11] 所以我们何不在倾听自己的时候记笔记呢?可能你比我更细心、更有条理,反正我不做笔记的话,第二天就很难想起某件事。研究还证明写下来的目标更可能实现[12]——这就是你要做的。所以把本篇看作和自己开会吧,冒出任何想法的时候,都请记下你的回答。

提示三:**记下你的思考**。请注意,这不是你希望自己在想的事情。当你动手记下答案时,你可能会发现写的时候难为情,更糟的是你可能会评判自己,甚至觉得一开始就不该写下来。我们身处一个充满评判的社会——对自己苛刻而无情的评判比对任何人更甚。我记不清多少次别人来找我说:"好吧,这可能没有用,但是……"或者"这真是个荒谬的想法……"紧接着,他说出了一些深刻而有用的看法。

我们很难摆脱自我评判,但是在阅读本篇时,我需要你停止自我评判。这很重要,原因如下:当我们苛刻地评判自己时,我们无法准确地看清自己。在调解工作中,我发现最常见的冲突起因就是人们不能如实地看清并表现自己。这和人们用修图软件在线修照片使自己看起来更苗条或更精神是一回事。在谈话中试图隐藏矛盾,并装出一副很理想的样子,反而会导致更多的问题。比如,当你对某人感到很生气,却不想承认自己确实生气的时候,会发生什么呢?你和那个人面对面坐下,然后气昏了头的你突然丑态毕露,一股脑儿地倒出混杂的信息,咄咄逼人,难以自制,说了些尖酸刻薄的话,事后后悔不已。看清自己,有助于你获得更好的自我意识,而自我意识反过来能帮助你在谈话中思路更清晰、表述更准确。其他人也会回应这种真诚的态度,他们更有可能展示真正的自己,并积极回应你的观点。

提示四:跟进。在本篇,我将告诉你 5 个绝佳的问题,从而有助于你更好地了解自己,并且不会就此打住,还会帮你跟进每个问题,让你更好地理解倾听自己后的所思所想。有效的跟进措施不需要很复杂,我经常在谈判方回答了本篇的第一个问题之后,提出一个简单的附加问题,然后获得了最佳信息。谈判方讲话完毕后,我先感谢他们,然后问他们:"你还希望我们知道些什么?"我都记不清有多少次在问完这个附加问题后,我听到了最让他们牵肠挂肚的事——他们一直在等待我允许他们说出来。所以,请给你自己留出同样的空间,允许自己说出来。

提示五:总结你的答案。回答完每个问题后,请读一遍你的答案。稍停片刻,想想是否有遗漏。如果是别人告诉你这些答案,你会如何用几行文字总结它?将你的总结大声读出来,就像在和一位信得过的朋友解释这件事一样。(要想效果更好,可以找一位真正的朋友。)然后将你的总结写在原答案的下面。做总结的时候,一定注意那些重复出现的语句,因为这些语句有特殊的意义,要多加留意。

让我们开始吧。

问题一 我想解决什么问题？

据说爱因斯坦称，如果他有一小时的时间去解决一个问题，他会花 55 分钟思考这个问题本身，然后用 5 分钟来思考解决办法。[1]

还有谁喜欢思考问题本身呢？史蒂夫·乔布斯。2002 年，苹果播放器 iPod 刚面市就大获成功，乔布斯观察到消费者不管去哪里都随身带着 iPod 听音乐，他本人也是如此。[2] 这一现象让他很不满意，他认为自己创造的电子产品增加了消费者的出行负担。[3] 消费者原本就随身携带手机、笨重的笔记本电脑，甚至可能还有掌上电脑等电子设备。[4] 另外，当时的智能手机和掌上电脑都带固定键盘，或是设备上带有一支触控笔，消费者用起来并不方便，有时候失灵不说，还容易丢失。

乔布斯看到了他人忽视的方面：人们需要一台使用方便的一体式设备用于通话、计算、听音乐并安排生活，不需要键盘、触控笔或其他容易丢失的书写工具。[5] 所以，只需要一台设备外加一个配件——人的手指[6]，于是乔布斯安排苹果公司的工程师研发能解决这一问题的设备[7]。

几年后，乔布斯和美国电话电报公司（AT&T）开了一次会，谈成了一笔交易——由 AT&T 旗下的辛格勒无线公司（Cingular Wireless）为第一代苹果手机提供无线网络[8]，而当时的苹果手机显然仍在研发中。AT&T 将拥有新苹果手机的独家发售权[9]，而苹果公司将从每位客户每月的无线网络使用费中获得大约 10 美元作为回报[10]。苹果公司还保留着对手机软件、价格、经销和品牌的控制权。[11] 这种交易在无线电话行业前所未闻。[12] 乔布斯通过提出他认为只有苹果公司能解决的问题，并清晰地展现他的愿景和开创性的解决方案，赢得了与 AT&T 的合作。

这次谈判只是乔布斯让苹果手机面市的一系列大型谈判中的一部分。当时和乔布斯一起工作的咨询师拉吉·阿加沃尔（Raj Aggarwal）接受《福布斯》杂志采访时说，这次谈判的成功部分归功于乔布斯引导自己与所有利益相关者之间关系的方式，"乔布斯拜访了每家通信公司的总裁。他事事亲力亲为，渴望将公司的一切加上个人印记，这让我很震撼"。[13] 乔布斯在产品的每个细节上引导工程师，反复测试，直到产品按他预想的方式工作。他引导身边的关系，包括与阿加沃尔这样的咨询师、苹果公司的同事、市场分析师等人的关系，而其中最重要的是和客户的关系。

2007年年底，第一代苹果手机一经推出，便快速占据了手机市场的很大份额。[14]是什么给乔布斯和苹果公司带来具有变革意义的巨大成功？英国技术企业家凯文·阿什顿（Kevin Ashton）为乔布斯写过简介，正如阿什顿后来描述的："对乔布斯和苹果手机来说，创新的关键点不是寻找解决方案，而是看清楚问题，问题在于固定键盘造成智能手机使用不便。准确找到这一问题，剩下的事情就相对容易跟进了。"[15]

谈判的关键第一步：定义问题

在谈判中，要问自己的第一个问题就是："我想解决什么问题？"

记住，谈判是去引导。谈判中的你做出的每个决定和每次转变都来自你自己定义的问题或目标。换句话说，如果你将驾驶皮划艇出行，难道不想先确定要去哪里吗？忽略这一步骤的人（很多人会这么做）很可能一整天划桨，最后却发现自己抵达了错误的小岛。

大多数人认为谈判的乐趣在于理解答案。其实不然，定义问题才是有趣的工作。一旦你学会如何定义问题，你将发现这是一个多么不可思议、令人满意的过程，充满了创造性和乐趣。我作为一名谈判教练，在帮你明确需要解决的问题是什么时，会产生和一些人跳伞时或在意大利吃上一盘无比鲜美的意大利面时一样的刺激感。（请不要评判，我们都喜欢不同的事情。）因为我知道这个问题的另一面是你找到或完成了令人惊叹的事情。

定义问题能帮你创造解决方案。任何谈判皆是如此，不管你面对的是大型外交冲突，还是说服蹒跚学步的孩子冰激凌不是正餐。

花时间以省时间

准确定义你的问题要花费一点儿时间，但通常你一开始花的时间会为你赢得后面的时间。一位公司经理在参加我的谈判课程并明确自己的问题之后告诉我："我认为花费的一刻钟可能为我省下了三天瞎忙活的时间。"当你知道自己希望从哪里入手引导关系时，你将节省很多时间。否则，你可能会花更多时间寻找方位并重新来过。

在重大谈判中定义问题

对重大、持久或复杂的谈判来说，定义问题至关重要。换句话说，如果有人来我的办公室，在我问他们关于问题的解决方案前，我会先请他们描述一些可能从他们的视角看不见的东西。设想你在登一座高山，山越高，你站在山脚就越难看到山顶。你需要从山脚开始，一步一步往上攀爬。你穿过的每条石径，蹚过的每条小溪，都为你继续攀登注入了经验与自信。到了某个时候，山顶变得清晰可见，你就能描述山顶的样子和通往山顶的方法了。

谈判就和登山一样，当你问自己想解决什么问题时，你带着自己希望解决的问题从起点出发，沿途获得的信息帮助你明确并达成目标，这就是你的解决方案。

举例来说，美国面临的一个重大问题是一些学龄儿童长期缺课。长期缺课是指无论任何原因缺勤率达 10% 及以上的现象。[16]长期缺课会导致三年级学生无法掌握阅读能力、六年级学生挂科、九年级学生辍学。[17]非营利性组织出勤研究室（Attendance Works）致力于帮助学校和社区合作伙伴减少学龄儿童长期缺课现象，根据该组织的调查，美国每年有超过 800 万名学生因长期缺课存在上述学业问题。[18]

传统观念认为长期缺课的问题只包括逃课或无故旷课——没有家长提供的请假条的缺勤情况。以上片面的定义把问题归结于学生或家庭的不当行为，往往导致惩罚措施简单粗暴，即同时惩罚学生和家长，意在强迫他们改善行为，然而惩罚并不奏效。

张海蒂是出勤研究室的执行主任，她在定义问题时并没有过多关注无故旷课和休学现象，而是将问题定义为学生出于某些原因缺席了相当数量的课。事实上，她发现许多低年级的缺课学生属于因故缺课，这说明关注逃课现象本身并没有抓住问题的关键。

根据以上问题的定义，张海蒂鼓励学校通过和孩子及家长谈话找出长期缺课的真正原因。上述努力带来了出人意料的解决方案。校方开辟了和学生及家长交流的渠道之后，多所学校的校长发现了一些意想不到的事实：有时候，一些孩子翘课不是为了逃避学业，也不是家长不重视教育，而是因为这些孩子的衣服不够干净，那些没办法把衣服洗干净的学生宁可待在家里，也不愿在同学面前丢脸。有了这一发现，越来越多的学校和当地企业或基金会合作，为学生提供校内洗衣服务。某学校报告指出，在引入校内洗衣程序并配备专人检查管理后，出勤率90%以上的学生占比从原来的46%攀升至84%。[19]扩大对长期缺课问题的定义有助于张海蒂、出勤研究室、教育工作者和社区合作伙伴制订新颖有效的解决方案，让家庭和学校共同受益。

这个案例说明，如果你在进行重大或复杂的谈判，那么定义你的问题很关键。这也适用于私人情况。安东尼娅是家庭经济条件较好的保险学教授，过去五年里，她一直在和她的大姐卡门闹矛盾。卡门反复找安东尼娅借钱，并把钱花在用来和朋友炫耀的奢侈品上，而不是住房和食物上。更糟的是，卡门在家族其他人的面前，对安东尼娅事业上的成功表现出轻蔑的态度。这让安东尼娅越来越气愤，而她每次试图和卡门沟通的时候，除了愤怒，很难清楚地表达任何事情。一次次的谈话没有为这一状况带来丝毫改善，或是使安东尼娅感受到任何解脱。原因是什么？安东尼娅需要定义她想要解决的问题：是让卡门对安东尼娅的帮助表现出感激之情，或是在财务方面设置边界，还是找到一种方式巧妙地从这段关系中暂时解脱出来？明确想解决的问题将帮助安东尼娅搞清楚自己需要怎样的谈话。

你是否曾经与某人面对面地坐下却发现自己很难组织信息或明确谈话的重点？你可能已经入职10年，参与了各种新方案，最后却不能确定进步的方向？就像安东尼娅一样，你可能忽视了定义问题这个关键步骤。

在日常沟通中定义问题

或许你并不是在争取治愈癌症或确定职业发展方向，你只是准备和装修公司谈谈有关你对浴室设计的想法，或是想吸引房东的注意力以解决漏水问题。这些问题看起来只需要你讲出解决方案，对吗？

以浴室设计问题为例，你打算坐下来和装修公司谈谈预期的效果。即使在这种情况下，问自己想解决什么问题也合情合理。你是想完工后出售房屋吗？是的话，也许你需要设计成本合理、具有吸引力的方案。你是想完工后搬进去安度余生吗？是的话，你可能会把能想到的一切顶尖设计都用起来。或者，由于你的伴侣行动不便,只能靠轮椅,而你希望尽快重修浴室?是的话,你需要考虑一整套其他方案。

即使是简单的谈判,你也只有理解了问题才能设计出解决方案。

谈判即创新:解决未来的问题

有时候,我们会驾驶皮划艇沿着前面的人划出的水纹前行,而有时候,没有前人的路线可以跟随,我们就不得不自己开辟一条路。在谈判中也是一样的道理。

本章节开始是一个有关创新的故事,同时也是一个有关谈判的故事。此话怎讲?乔布斯不仅明确了苹果公司的定位,还引导了各种重要的关系(和经销商、市场、消费者的关系)朝着这个定位发展。这些都始于定义问题。

大多数人认为谈判基本上是后顾式的,但其实谈判是前瞻式的。谈判具有创造力和生产力。最终,谈判关乎我们如何创造自己的未来。有时候我们通过解决一个别人从未发现甚至不能理解的问题创造了未来。而这一创新之处让谈判成为创新。

乔布斯认识到了这一点,他总是想方设法地理解未来的问题(意识到问题总是存在,即使产品深受消费者喜爱)并解决它——有时候甚至先于市场上其他人意识到问题的存在。在苹果公司的园区有一句题词叫作"无限循环"(INFINITE LOOP)。这是什么意思呢？"无限循环"正如题词人凯文·阿什顿在有关乔布斯的研究中写的："创造不是天才的无意识孵化，或是灵光一现的结果，而是出于思考：一系列包括定义问题和设计解决方案在内的循环往复的大脑活动。"[20]

全球创新专家达雷尔·曼恩（Darrell Mann）曾在劳斯莱斯担任首席工程师，他花了几十年研究企业的创新举措，并探究其成功或失败的原因。他发现只有2%的企业创新举措取得了成功，而失败的案例中，"25%的失败是由于人们想要解决错误的问题"。[21]

如何完整定义你的问题：具备全局观

"我想解决什么问题"是一个宽泛的问题，我们经常需要挑战自己以获得准确的回答。神经科学研究著作《思考，快与慢》和其他相似的著作告诉我们，人类容易回避具有挑战性的问题，而是选择回答更具体、更容易的问题。[22]我们这么做是为了回避不确定如何作答的事，或是我们不愿碰到这样的事。但在解决问题时，用"渔网捕鱼"的方式能够带来改变一切的重大发现。

马库斯是一家全国性公司的地区负责人，他正和直接下属们坐在一起解决一个问题：雇员罗杰因为要求升职遭拒提出了内部投诉。罗杰的经理一开始发起这场会议时,他们希望解决的问题是化解罗杰的投诉,不要闹到法院,不过最后他们发现了一个远比升职投诉严重得多的问题。

在考虑罗杰投诉内容的过程中,马库斯开始对所管辖的城市分公司发生的一些事情感到困惑。这本是一支气氛活跃、团结一致的团队,但在去年,一些雇员提出投诉,抱怨他们无论在工作任务分配、加班还是和经理的沟通上都受到了不公正的对待。管理层并未对此做出改变,还是照常分配工作任务。

马库斯把罗杰的投诉材料在一旁搁了几分钟,转而扩大视野,要求他的团队就今年公司发生的事情展开谈谈。经理们讨论了目前的员工数量、他们手头的工作和办公楼重建的工程进展,最后这个话题引起了马库斯的注意,他记得去年公司经历了办公区的翻修和重建。由于施工,他们被迫将三分之一的员工迁至一处老旧的地方办公。马库斯问罗杰和其他两名投诉的雇员现在的办公地点,结果发现他们全是被迁出办公的人。

马库斯意识到他的问题不是"我们该如何化解罗杰的投诉,不要闹到法院",而是"我们如何让公司重新变成一个充满凝聚力且运营良好的单位"。马库斯直接找罗杰谈话,不仅谈论升职的问题,还让罗杰全面地表达对公司生活的看法。事实上,罗杰最近觉得自己被公司拒于决策之门外,没人告诉他为什么他属于被迁出的那批人,此外,他所在团队的沟通严重受挫。以前,当他们全都在一处工作的时候，罗杰经常可以到主管上级的办公室"串门"，但现在不行了。更糟的是，升职决定公布后，没人告诉罗杰，他只是收到了一封通知邮件。

　　理解这一更加重大的问题成为帮助马库斯化解罗杰升职投诉及更多问题的关键。马库斯和管理团队在公司会见了所有员工，坦言就迁出办公一事的决定未能和大家进行有效沟通，对此公司负有责任。他们让员工们参与关于办公楼翻新一事的讨论，并且积极向全体员工征求如何加强与两边雇员的沟通意见。马库斯成功处理了这三位雇员的投诉，并让公司回归正轨。马库斯在处理罗杰的案例时体现了理解问题的大局观，这帮助他制定了有效的谈判策略，该策略不仅对罗杰本人，还对全体员工有效。

　　问题一的目的是让你开始真正解决自己的问题，所以你需要花时间撒一张大网以尽可能获得最宽广的视野。这就是创新专家所谓的具备全局观。一旦你定义了自己的问题，你将学会扩大视野，观察自己是否错过了问题的全貌。

不该做什么：我们通常定义一个问题的方式

　　许多人忽略了定义问题这一关键的谈判步骤。我见过很多人用一种狭隘而无效的方式定义问题，导致谈判失利。举个例子，一家公司的总裁罗莎娜刚刚从人力资源部经理处收到雇员调查的结果。罗莎娜注意到初级雇员的人员流动率高得反常,就让人力资源部去调查,询问这些雇员对工作的满意度,调查结果显示初级雇员的士气普遍低迷。设想罗莎娜坐下来定义她需要解决的问题,并写下:

初级雇员的工作满意度非常低。

这个定义有问题吗?事实上有不少问题。首先,这是后顾式问题。没错,我们希望在设计解决方案前关注问题本身,但我们需要清晰地定义遇到的问题,以便明确如何引导到正确的方向。这个问题的定义丝毫不能帮助罗莎娜考虑她公司的未来。其次,这是消极的表述,关注了她不想出现的状况,而非她所希望发生的改变。这就好比我们在驾驶皮划艇,不希望当有人问我们去哪里时回答"好吧,我只知道自己不想撞到石头上去"。最后,用满意度来定义问题的局限性很强,就像用钓线钓鱼。满意度可能只是罗莎娜需要解决的重大问题的表征之一。

完整定义问题的 5 个步骤

第一步,花 5 分钟时间思考并写下你希望解决的问题,无论是像安东尼娅面对的重大家庭危机、与装修公司合作翻修浴室,还是想方设法重振公司员工的士气,把你能想到的任何可能造成当今局面的问题及其对你的生活、工作、公司或者社区造成的影响都囊括。[23] 比如，罗莎娜可能会在完成这一环节时把雇员的人员流动率、雇员调查及结果和脑海中相关的事变成问题的一部分。

第二步，一旦你写完问题，我希望你能把自己写的总结成一句话，就像罗莎娜之前做的那样。把问题总结成一句话，有助于你尽可能清晰简洁地看待问题。[24] 当罗莎娜写下"初级雇员的工作满意度非常低"时，她做到了。在装修浴室的例子里，可以是"总报价与我的预算相比太高了"。而对安东尼娅而言，这句话可能是"我姐姐不尊重我，而且对我所做的一切没有丝毫感激之情"。

第三步，把句子里负面的和后顾式的内容提出来，重组后变成积极的和前瞻式的。当我们定义一个要解决的问题时，我们需要讲清楚未来想要什么，而不是过去不希望发生的事情。比如，罗莎娜可以把"初级雇员的工作满意度非常低"转换成"要让初级雇员的工作满意度达到更高水平"，房主可以把"总报价太高了"转换成"我需要预算可控的方案"，安东尼娅则会把"我姐姐不尊重我，而且对我所做的一切没有丝毫感激之情"转换成"我需要姐姐的尊重和认可"。当你驾驶皮划艇的时候，关注目标（海滩）而非障碍（岩石）能帮你获得更好的结果。[25] 通过这样的转换，我们将摆脱害怕或抱怨，拥抱解决问题的积极心态，从而达成目标。

第四步，把你的句子改成带有"怎样"、"什么"、"谁"或"何时"的问句。罗莎娜可以这样问："我们可以做什么来提高初级雇员的工作满意度？""我们怎样让初级雇员的工作满意度达到高水平？"房主可能会问："我怎样才能让方案符合预算？"安东尼娅可以问："我怎样才能感受到姐姐的尊重和认可？"虽然信息是相似的，但是以问句的形式提出，就能激励你找到更具体的信息并根据信息实施。涉及谈判时，问题又一次成为答案。

第五步，我们希望你能全面地定义问题并拥有全局观。如果一开始你定义的问题是狭隘的，就像罗莎娜定义的那样，这很容易解释，因为你大脑的运转和你的目标背道而驰，大脑希望用钓线钓鱼，而不是用渔网捕鱼。看看你刚写下的问题并问自己"如果目标实现了，将发生什么"，然后将答案写下并考虑修改原来的问题以更全面地反映现实。到这一步时，罗莎娜看着她的问题说"为使初级雇员的工作满意度达到更高水平，我们能做什么"，并问自己"如果初级雇员的工作满意度提高会发生什么"。她也许会总结说有了高满意度，她的公司将吸引并留住最好的雇员，有更好的业绩。罗莎娜修改后的问题会变成："我们怎么做才能让这家公司成为行业顶尖人才想要申请加入、拼命工作并为大家谋成功的地方？"这样，罗莎娜就将一个有关调查率的谈话转为行动的号召，帮助她引导公司和所有关系向前推进。房主可能会看一下自己的问题，并想到如果他在浴室翻修上做好合理预算，他可能会为今年401(k)计划[①]下的退休储蓄存更多的钱,因此修改后的问题可以是"我怎样才能实现合理的浴室翻修预算,能够让我省下退休金呢"。安东尼娅可能会把"我怎样才能受到姐姐的尊重和认可"转换成"我怎样才能情绪稳定地和姐姐维持足够良性的关系",这个问题说明了令安东尼娅困扰的不仅是钱或缺乏尊重的互动,而是她需要靠什么和卡门维系关系。

以上例子证明,我们很多时候只是基于单一互动或者情境被动地定义自己的问题。这些修改后的问题让当事人跳出事件的当下触发点——一次调查、一间老旧的浴室、两姊妹的一次争吵,考虑他们设法实现的更全面的目标——一家成功的公司、稳定可观的退休金或者家庭成员整体情绪稳定。这就是你为了在谈判中获取更多信息需要拥有的大局观。

常见难处的解决

以下是我在讨论"我想解决什么问题"时的一些问题。

不能解决的问题怎么办?

即使是冲突解决专家也会承认有些问题是无解的。有时候,

[①] 401(k)计划是指美国1978年《国内税收法》新增的第401条k项条款的规定,是一种由雇员和雇主共同缴费建立起来的完全基金式的养老保险制度。——译者注

我们所能做的极致仅仅是控制这个问题。比如，写这本书时我正经历一系列迫不得已的选择：如何给予不久人世的老父亲最好的照顾。他需要 24 小时的看护，而我们必须决定是把他放在专业的护理病房——在那里他很安全但会很想家，还是让他待在家里——他可能会伤害自己，我的继母和家庭护理员也会备感压力。关于这个问题，没有完美的解决方案，甚至连差强人意的方案都没有。没有谈判策略能改变我父亲得了无法治愈且每况愈下的脑部疾病的事实，而他还会因病情发展继续遭罪受苦。然而，我仍在思考这些问题以帮助我做出决策。即使这些问题是不能解决的，理解问题也有助于我们将受到的伤害最小化，减少由此造成的压力和焦虑，甚至帮助我们发现新策略。

即使你无法解决根本问题（"我们怎样才能治愈额颞叶痴呆"让我一筹莫展），你仍然能找出一些能解决的部分。在我给父亲做治疗决策时思考过这个问题，最后得出问题的定义是："我们怎样照顾父亲，既能最大程度上保留他的舒适感和尊严，又能让家中的护理人员感受到支持？"这样看问题，然后思考本篇其余的问题，使我做出清楚的决定：我们将他转到记忆护理部，他在那里能得到专业的护理，家人还能每天都去看望他。我们不能治愈父亲的疾病，但我们可以把他的舒适感、尊严和家庭幸福摆在第一位。很多时候，在无解问题中找到可实现的目标能给人带来宽慰。

如果我只是和自己谈判呢？

我们知道谈判还意味着引导你和自己的谈话。我应不应该在管理层会议上发言？我是不是该去创业？我主导个人关系时怎样才能更自信？这个问题及本书上篇对此类谈判都很有用。

有时候，人们参加谈判培训不是因为他们准备好和其他人坐下谈判，而是因为他们感到困扰，需要明确决策。这种困扰的感觉通常是自我沟通。我的人生使命是什么？我该做什么样的工作？我应该回去工作吗？我怎样才能更开心？许多人认为一个巴掌拍不响，但其实一辆车也可能发生事故！

当你仔细思考是什么让自己走到这一步时，你会获得更有效的信息帮你渡过难关。如果你心中有困扰，你仍可以从正反两面思考处境，观察导致困境的对立情绪、方式和事实。

自我评判：众口难调

我在做调解或谈判咨询时遇到的主要问题之一就是帮客户应对自我评判——为自己定义问题。你可能觉得自己的目标应该是甲，但实际你渴望的是乙。

曾有个学生来我的办公室，他是我的课上表现最好的学生之一，在其他课上的表现同样很好。凭借优异的学业成绩，他给自己设定了目标：去一家最好的公司。（在这个语境中，"最好的"意味着"排名最高的"。律师喜欢排名。）在法学院，学生会利用暑期到他们心仪的律所实习。如果他们有幸获得工作邀请，那么回到法学院开始最后一年的学习时，他们就知道自己毕业后的去向。这个学生，我叫他戴维，戴维获得了全美多家顶尖律所的实习机会，后来他选择了一家心仪的顶尖律所进行暑期实习。实习期结束后，那家公司热情地向他发出工作邀请。

戴维在9月回到学校，请求和我碰面。他走进我的办公室，关上门四处张望了一下，好像担心有人会偷听他讲话。他用很轻的声音告诉我这个暑假他过得很愉快，然后就沉默了。

"但是？"我问他。

"但是……"他说，"我不知道。我本来的目标是去排名最高的律所，那里确实很棒，我很幸运能在那工作。不过坦白地说，我不知道这是不是我想要的生活。我想组建一个家庭，花时间和家人待在一起。我还是乐队成员，我真的希望有时间做音乐。"

"很好。"我说，"那为什么你看起来是在向我道歉呢？"

"好吧，"他说，"因为我觉得这个社会不能接受我这种……享受生活的想法。"

我听完哈哈大笑，几秒后他也笑了。有时候，享受生活感觉像是一个革命性的目标。那天，我们关于这个目标及他实现这一目标的方式谈了许多，还谈了他的其他工作目标。我很高兴向诸位读者汇报，这位我曾经的学生现在已经在一处让他享受生活的地方工作了。他是一名音乐人，对他的孩子来说还是一位称职的爸爸。这些都是有价值的目标，他都实现了。

如果你在回答这个问题时，别人的声音出现在你的脑海，你该怎么办？你可能会对别人所认为的问题感到困扰，或是形成先入为主的偏见。积极面对这一问题：写下你的问题的不同听众，可能是你的同事、客户、配偶、孩子，问自己他们对这个问题的看法是什么，然后研究各种看法。哪些对你来说似乎是对的？哪些对你来说缺乏共鸣？最后，你的目标就是把那些看法搁在一旁，聆听自己对问题的看法。

认识自己

如果你看到一个问题，但脑海里一片空白，怎么办？或许你不确定是什么促使你阅读本书。你可能是一个谈判逃避者。我认识的一些人特别擅长逃避谈判，以至于全然忘记自己需要谈判这件事。这就好比驾驶皮划艇的时候不仅把桨放下，还把头埋在两膝之间，随波逐流。

或者你可能知道自己需要谈判，但你并不确定思考问题的起点。有时候当我们陷入冲突、身处局势发展或充满挑战的谈判之中，我们会觉得事态很严重，简直是一团糟，我们不确定从哪儿入手解决。

如果你在以上两段描述的任意一处发现自己的身影，请尝试问自己：最近几次感到不满意、不耐烦、不高兴或厌倦是什么时候？这之前发生了什么？这或许能帮你定义自己想解决的问题。

或者反过来问自己：最近几次感到高兴、满意或者一切顺利是什么时候？这之前发生了什么？这或许能指引你发现自己的目标。

如果你脑海里还是一片空白，那就休息一下。我希望你能关注自己接下来什么时候会感到高兴或不高兴，并留意出现这种感觉之前发生了什么。现在你逐渐发现是什么促使你阅读本书并采取行动。请记住，定义你的问题或者你的目标将是你设计解决方案的基础。

总结

明确你想要解决的问题是掌握谈判的关键第一步。现在你已经彻底定义了问题，接下来我们将探究该问题的本质。

谈判策略 1

熟练掌握定义问题的 5 个步骤，明确问题是掌控谈判的关键第一步。

问题二　我需要什么？

重构问题：提高就业率

当莉莉娅的新员工们离开她的办公室时，莉莉娅看到他们一脸凝重。莉莉娅是一名教授、律师和研究员，2013年刚升任福塔莱萨大学的副校长。福塔莱萨大学是巴西东北部的一所私立大学，莉莉娅作为副校长分管那里所有的研究生课程。

上任后，莉莉娅决心将这所大学的研究生课程提升到新层次，不仅增加录取人数，还要提升课程的全国排名。但那天，莉莉娅的员工们找到这位新上司，说出了他们的顾虑：这所大学研究生课程的整体质量不佳，加上巴西的经济不稳定，失业率超过7%，这给福塔莱萨大学研究生招生工作带来很大压力。福塔莱萨大学研究生院是私立的，其收入来源主要是有工作收入的在职研究生缴纳的学费，失业者则担心自己攻读研究生学位的大笔投资没有确定的回报。与福塔莱萨大学同类的其他高校不会放开研究生院的招生数量，听说它们的处境也很艰难。员工们建议莉莉娅准备应对渺茫的前景，在整体经济气候回暖前，任何人都不太可能改变局势。员工们对问题的定义可以总结如下："在巴西挺过这次经济危机、更多人得到工作之前，我们不能扩大招生规模或者提升我们的排名。"

莉莉娅不这么看问题，她想知道福塔莱萨大学能如何利用研究生课程帮助人们度过危机、找到工作，从而播种希望，而不是增加负担。莉莉娅调查了福塔莱萨大学解决该问题必需的条件，她意识到学校不仅需要提供学生所选专业领域的教育，例如商学、法学或者城市规划，还需要培养学生对雇主有吸引力的管理技能，她还意识到大学需要通过研究生课程本身帮助学生找工作。最后，莉莉娅考虑了她自身的需要："作为一名研究员，我习惯于定义并解决问题。每次面对看似无解的问题，当我找到了一种创新的办法解决它时，我都会感到很兴奋。我还是一位职业女性，我很早就生了孩子，甚至早于我完成学业，所以我习惯于在个人生活中也富有创新意识、坚韧不拔。我意识到自己不能放弃开拓研究生课程的梦想，这对我和其他人都一样。如果被动应对，受伤害的不单是福塔莱萨大学，还有我自己。我和学校一样需要这次挑战。"

基于这一系列的需要，莉莉娅重新设计了福塔莱萨大学的研究生课程，使之不仅教授学生所选专业领域的技能，还教授学生冲突解决、复杂问题解决、创造力和团队协作等管理技能。她还为每个研究生课程设计了一个顶峰模块，要求学生在毕业设计中将自己所学与外部世界联系起来，福塔莱萨大学会将这些毕业设计和有关的公司或政府机构对接。她将这个研究生教育的新模式称作"转型领袖"，并直接向公众宣传福塔莱萨大学的研究生教育是如何在不景气的经济环境中化危为机、让公众受益的。事实上，参加福塔莱萨大学课程的失业学生通过莉莉娅积极与雇主对接的努力，陆续找到工作。招生人数开始回升。

2019 年，莉莉娅再次评估了福塔莱萨大学的研究生课程。巴西的经济状况确实较她在 2013 年启动"转型领袖"计划时发生了变化，只不过是变得更糟。巴西的失业率攀升至近 13%，然而福塔莱萨大学的研究生项目招生总人数竟翻了一番。此外，巴西所有研究生课程的管理机构改变了评估研究生课程质量的标准，将"研究／计划给社会带来的影响"包括在内，这是参考福塔莱萨大学所为的直接结果。

莉莉娅通过重构问题、关注个人和组织的需要，帮助自己改造了整个福塔莱萨大学的研究生院，帮助无数巴西人改变了人生轨迹。

内心深处的需求

我们所做的一切都源自需要,需要是我们做事的动力,是所有人行为背后的原因。你知道有些东西是自己需要的,而不仅是希望或者想要的,如果少了这样东西,你会遭受痛苦或不幸。[1] 在任何时候,不管我们是否意识到或考虑过自己的需要,这些需要都存在,并且它们会影响我们的决定和我们生命中的每一分钟。

人们经常在准备谈判时思考"底线",它也被称作能达成交易的最坏情况。但是研究发现那些注重自己的目标或者说意愿的人反而能在谈判中获得更多[2],尤其是"乐观、具体、合理"的意愿[3]。我们怎样才能找到这些意愿?通过明确我们的需要。[4] 当我们根据自己真实的需要设定目标时,我们是靠清晰的思路和坚定的信念帮助自己获得更多的。[5] 我们更自信地引导关系,更准确地达到目的。我经常被问到"怎么知道何时结束谈判"、"怎样才能坚持自己的目标"或"如何自信地获取更多信息",对此,我的回答是一样的:你的谈判基于对自己内心深处需要的透彻理解,你的需要就是清晰的思路和强大的力量。

相反,如果我们在谈判中,甚至生活中,不理解自己的需要,就会变成无舵之船:我们坐在皮划艇里,把桨搁在大腿上,任凭风浪摆布。我们会感到涣散、无序且惊慌。我们根本找不到目的地,因为我们不知道船将驶向何方。

虽然自身的需要对谈判来说至关重要，但是我们往往要通过向自己提出正确的问题去发现自己真正的需要。

明确你的需要

"我需要什么"是一个重要的问题，它能帮你触及问题或谈判的根源。回答好这个问题需要练习和耐心。

问自己需要什么并写下你的答案，我将指引你分辨回答这一问题时可能出现的不同类型的需要。我还为你准备了几个非常重要的自问自答的后续问题，帮你将这些需要具体化并转换为行动，让你能够自信地达成自己的意愿。我们还将仔细分析如何挖掘隐藏于内心深处以至于自己都不了解的需要，以及当不同需要之间存在冲突时你该怎么办。

轮到你照镜子了

我希望你在开始练习前给自己时间思考"我需要什么"这一问题。在我们探索人的需要这一体量更大的话题时，我建议你记下自己的答案。找一个舒适的地方，关闭手机，专注地照一照你的心灵之镜。花5分钟记下想到的任何事。记住，不要自我评判！如果你想到一件事，即使是电光石火的瞬间，也要原原本本地记下来。如果你什么都没想到，只有沉默，没关系，静静地坐几分钟。给自己耐心和时间（只是 5 分钟）作为馈赠，回答以下问题："我需要什么？"

如果你写下几件事后觉得卡住了，想象一下我在问你"还有别的吗"或者"你可以就你刚才写的展开说一说吗"，继续以上步骤直至 5 分钟结束。

有需要的是人，理解需要的是神

我有意将本章节的开头和你联系起来，因为我想给你为自己回答问题的自由，再告诉你有关别人的需要的例子和研究。

现在你已经获得了一些想法，让我们更笼统地分析需要。什么是需要？我们怎样思考需要？我们怎样理解自己的需要，以及这些需要对我们的谈判而言有何意义？

问题：我们混淆了需要和其他东西

我们很少尝试明确自己的需要，以至于常常将需要和其他东西混为一谈。比如，需要不同于情绪。如果你对处境产生某种感受，通常是因为你的某种需要得到了（或得不到）满足。感受源于需要。

我们还经常将需要和谈判要求或者谈判立场混淆。比如,"我已经等了10年,现在轮到我晋升副总裁了,我应该是本部门下一个晋升的人"或者"总是我计划带孩子们外出——今天我不干了"。在法律案件中,要求包含在案件卷宗里,比如"他违反合约,我要求他支付5万美元补偿金。"

明确我们的需要是一种挑战,因为这些需要并不总是显而易见的。所以我们关注更容易明确的要求,因为要求往往和金钱或其他有形实体相关。

那么,需要和要求的区别是什么?需要是我们提要求的原因。当你明确自己的需要时,你会获得宝贵的信息,有助于你和其他人的谈判更成功。

谈判中人的需要

在十几年调解各种矛盾的职业生涯中,我见过许多基本需要反复出现。但是需要和人本身一样,也可以是变化多样的。许多学科领域的专家,不管是人类学、心理学还是法学,都曾试图找到梳理和思考需要的方法。

在上篇中,我将重点列出需要的几项分类,这些分类源于心理学研究[6],超越了性别、文化和对象。我们会先谈论基本的生理需要,然后将话题转移到社会需要、情感需要和其他需要。让我们先看一下需要的分类，看哪一类需要能引起你的共鸣。

基本生理需要

人类最基本的需要就是基本生理需要：食物、衣服、居所、睡眠、性爱、空气和水。对很多人来说，这些需要是放在第一位的。我们必须先满足自己的基本生理需要，才会有良好的状态追求更高层次的需要，比如财务自由或情感满足。

我见过很多"生理需要第一"的案例，在纽约民事法院碰到过多起关于食品安全问题或流浪汉问题的冲突。回想其中一个案件，是房东起诉前租客拖欠租金，法庭请我们安排双方谈判，我们把双方带到法院大楼内部的调解室，被告沉默地坐在谈判桌的一侧，蜷缩的身子在颤抖——即使房间里很暖和。轮到被告发言时，他羞怯地问我们能不能再给他一点儿时间，他说自己在整理思路的时候碰到了麻烦。我的学生读懂这一局面后，要求召开单独会议（调解员和谈判各方单独谈话），这样被告就可以在没有另一方在场施压的情况下和我们交谈。在单独会议上，前租客向我们敞开了心扉，他告诉我们他是流浪汉，甚至就在前不久，他还经常饿肚子。他说："我不是故意想拖欠或是怎样，我发誓……当冰箱空空如也的时候，想什么都费劲。"我很钦佩这位男士积极参与谈判的努力，即使他正遭受苦难、忍饥挨饿。我们最后决定更好地一起利用大家的时间帮这位流浪汉获得资源，满足他的基本生理需要。我们留给他"调解诊所"的电话号码，请他在更好的地方住下并在准备好谈判后打电话联系我们。

这种饥饿和冲突的关系在全球范围内普遍存在。世界粮食计划署执行主任戴维·比斯利（David Beasley）说："饥饿和冲突之间的关联性和两者的破坏性一样强。[7]冲突导致粮食短缺[8]，而粮食短缺会激起动荡而紧张的局势[9]，引发暴力事件。"根据比斯利的判断，全球范围内8.15亿长期面临粮食短缺的人中有60%生活在冲突爆发的地区。[10]

即使我们未面临粮食短缺或遭受战争影响，我们也有这些基本需要。在我调解冲突时，我会确保各方都有充足的食物、饮料和休息时间，这些依据的是人的生理需要。如果这些生理需要得不到满足，我们就很难专心解决冲突问题。所以当你谈判时，请不要忽视食物、水和休息，对你和他人来说都是如此。

安全需要

接下来的一类需要是安全需要，包括人身安全和经济稳定。这些需要和我们之后要讨论的需要相比令人感到更为迫切。

人身安全，或者说免受伤害的被保护感，是所有人的基本需要之一。我曾邀请科索沃的外交官来哥伦比亚大学法学院讲述他们国家诞生的和平进程。他们众口一词地说直到科索沃公民不再遭受饥荒和暴力，拥有充足的食物和安全的住所，他们的"自由"或者说主权才得以实现；只有当恐惧消退，他们才能开始思考进步或者政治地位。如果你的需要清单里包括像安全这样的基本要素，你可能不得不在满足下文提到的次级需要之前先关注此类需要。

人类对于人身安全的需要还会影响日常生活中的选择和考虑。有些人被我称作"安全谈判者"，意思是其对必然性和降低风险的重视胜过储蓄或其他需要。

在我为美国政府官员举办的一次谈判训练营中，一名叫米凯拉的营员描述了她最近和丈夫就儿子日托问题发生的争吵。她和丈夫的单位减少了员工的远程办公时间，这意味着他们白天没时间照顾儿子，需要为儿子寻找日托机构。她在家附近找到一家建筑外观漂亮、安保措施完善的日托机构，并且这家机构正好有一个空位。这家机构的收费是他们可接受价格范围的上限，不过其他各方面都符合需要。米凯拉打算就选这家，但她的丈夫在高价面前感到迟疑，坚持认为应该试着在周围找找有没有更便宜的日托机构。米凯拉感到很恼怒，并和她的同事谈起这件事。

我说："听起来你对安全感的需要胜过最大限度提高经济效益的需要。"

她说："没错，事实上就是这样！我重视安全感。对我来说，只要一件重大的事情悬而未决，我就很担心。如果日托机构满员了怎么办？如果找不到更好的日托机构怎么办？我宁可就选这家。我们找房子的时候，我也是这样。只要我们找到一间符合需要的房子，我就定了，这让我感觉如释重负。"

米凯拉把选定一家日托机构带来的安全感放在第一位，而她的丈夫对经济效益有更高的需求，于是他们和这家日托机构商量给他们一些考虑时间。米凯拉和丈夫同意如果他们不能在给定的考虑时间内一致选定另一家更便宜的日托机构，他们就选米凯拉找到的这家机构，再找别的办法从预算中节约开支。设定时间线让米凯拉获得了安全感，也给了她的丈夫一些保障：不管最终是哪种情况，他们都在为家庭财务努力盘算。

财务安全满足了这些基本需要。金钱能让我们买到生活中必需的食物、健康保险、幼儿保育服务和应急安全保障。人们在为工资或合同的价格谈判的时候，他们脑海中可能有金钱能够满足的具体需要。如果一个人有迫切的经济需要，那么这个人重视经济稳定会胜过一切，包括头衔和生活质量。然而，在下文中，你会看到金钱和其他那些不那么具体的需要也是相关联的。

心理和情感需要

你觉得谈判中能抛开心理和情感需要吗？再想想，所有谈判，即使那些围绕财务问题展开的谈判，都是包含心理和情感需要的。这些需要包括爱和归属感的需要——爱、接受、社会支持、归属感、亲密关系、喜爱和附属感（即感觉是集体的一部分，无论是工作中、朋友之间还是在家庭里）。在个人谈判中出现这些需要并不令人意外，因为我们需要的不过是亲人的爱与支持。

一些人在看到"爱""归属感""尊重"等字眼时，问我工作谈判中是否会出现这些需要。我的答案是：一直会出现。以我的经验，人们提出对金钱的要求或诉求是因为他们不能在合同中获得爱、感激或被接受。我们在工作中投入了大量时间，研究表明工作中的归属感、友谊和人脉都是决定幸福感和工作产出的重要决定因素。[11]

尊重需要包括自尊需要（尊严、自豪、成就、才华）和那些获得他人尊重的需要（比如尊敬、名誉、认可或地位）。在帮助人们谈判的过程中，我乐于见到的一件事就是看到他们在取得可喜的成绩时流露的自豪感和成就感。事实上，自尊需要可能就是驱使你拿起本书的原因之一。你可能想在生命中拥有更多的自豪感和成就。如果答案是肯定的，请继续关注：在下文中我会向你展示如何将这些有力的需要转换成行动计划，让你离目标更近一步。

尊重需要不仅是个人谈判的基础，也是商业和外交谈判的基础。这一类别中可细分为四个主要需要，分别是尊敬、尊严、认可和名誉。

尊敬指对某人钦佩或考虑某人的感受、权利或心愿。[12]我见过的所有谈判中，尊敬对谈判结果来说无一不是至关重要的。婚姻研究者约翰·戈特曼（John Gottman）研究尊敬长达几十年，他发现在婚姻关系中缺乏尊敬[13]是预判离婚的"末日四骑士"（Four

Horsemen）之一[14]。同样在商业领域，研究发现当人们获得尊敬时，他们更可能报以尊敬。[15] 尊敬产生信任，还达成了交易。[16]

尊严在一些文化里被称为"面子"，对人来说在所有情况下都很重要。[17] 从出生到死亡，每个人都渴望获得自尊和自我价值感[18]——满足这些需要对幸福甚至生存的意愿都至关重要[19]。在我父亲所在的临终安养院帮助他完成最后一次回家探亲时，我看到父亲颤颤巍巍地走下车，手里捧着一束花，令我又惊讶又感动。他的护士帕特里夏问他是否想送花给他的妻子，因为他要回家与家人共进晚餐。父亲说"想"，于是帕特里夏带着父亲去买了些花。即使是在他遭受巨大身体痛苦的时候，帕特里夏仍保留了他的尊严。

尊严在工作场合也很重要。资深外交官告诉我如果你在公开场合挑战某人，那你就是在挑战他的尊严。公然挑战造成的尴尬经常招致强烈的愤怒和不妥协的抵触心理。精于谈判的外交官懂得如果他们的谈话推进困难，就需要一对一地谈。一位外交官曾告诉我，一场重要的跨国谈判因为一名领导人认为自己的尊严受到侵犯而在深夜中断，"他气冲冲地离开大楼，我跟着他并观察发生了什么。远离谈判室之后，我告诉他，我尊重他的需要并且想帮助他。最终他回到谈判桌前。认可他的尊严挽救了一项影响全球的重大政策倡议"。

认可是这个类别的另一项重大需要。我调解过几百个案例，几乎每个案例中都会出现认可的需要。我协助处理过许多关系案例，其本质是每个人都需要自己在关系中的投入获得认可。同样，在商业领域，若人们感觉他们或他们的观点得不到认可，谈判就会破裂，组织就会瓦解。如果其中一位决策者充分承认各方观点，他可能会帮助大家都参与讨论，即使大家的观点没有形成值得考虑的倡议。

最后，大多数人在谈判中非常关心自己的名誉。在许多谈判中，我发现名誉一次次作为关键需要出现，名誉并非表面需要，只有认可名誉的存在，人们才能发现这一需要。许多人在咨询关于薪资的谈判时，会告诉我金钱不仅能为人们提供生活所需，还有助于获得名誉。如果你要着手的谈判是你接下来将经历的许多谈判中的第一个，比如你开始就新产品或新服务和客户谈判，你可能会发现自己在担心作为公司领导者的名誉或产品在市场中的声誉。

一位优秀的代理人回忆起他第一次做代表谈判时的场景。这位代理人当时是新人，他意识到自己僵硬的表现激怒了生产公司，然而他还是坚定地继续谈下去。为什么？他刚踏入这一行，并不想给人留下软弱的印象。如果名誉看起来可能是你在谈判中的需要（通常的确如此），请现在花时间想想这一点。

自我导向需要包括自由或自治。人们的深层需要是知道自己能够在法律限度和组织规则内（组织包括家庭）自主决定。[20]即使和你谈判的人本身不具备自主决定权，比如小孩，你也要征求并倾听他们的意见，或是提出一系列备选方案供他们选择，满足他们的自我导向需要。[21]

总之，这些心理和情感需要主导了我们日常生活中碰到的许多有关法律、商业、家庭、邻里和外交的谈判。

其他需要

为进一步完善我们列举的需要种类，还需补充以下几点：

- 超越需要。超越个人价值（比如，宗教信仰、神秘体验和一些与自然相关的经历、服务他人、审美体验、性经历、对科学的追求）。
- 认知需要。知识和理解、好奇、探索、追求意义的需要、可预测性。
- 审美需要。欣赏并寻求美、平衡和形式，等等。
- 自我实现需要。实现个人潜力、自我满足、追求个人成长和自我转变的经历。

本书就源自对自我实现需要的认可。18年前，我还是哥伦比亚大学法学院的学生，一天，我坐在昏暗的纽约市法庭会议室，经历了那种你通常在电影里看到的转变时刻。当时我听从了一名法学院同学的建议，选了一门叫作"调解诊所"的课，那位同学只告诉我："这门课讲了很多内容——你会精通此道的。"这门课的教授给我上了一节简短的调解训练课，然后就派我到法庭调解我接手的第一个案例。

那天，谈判双方在我面前坐下，我开始帮助他们解决冲突，那一刻我无比清晰地感受到自己活在世上的使命。我知道当自己帮助人们更好地谈判时，我最大限度地实现了个人潜能，我产生了前所未有的满足感。接下来的学期，我在"调解诊所"担任助教，帮助其他同学更好地学习调解。我发现自己是真的热爱调解工作。

从法学院毕业之后，我在美国一家顶级律所从事律师工作。我喜欢这份工作和这里的同事，而且收入不菲。我找到了这样一份稳定的工作，我的父母都为此感到高兴，但是我渴望在生命中争取更多。我回想那天的场景，意识到自己需要这种化解谈判双方冲突、帮助学生实现个人潜能的满足感，而回到法学院教书能够帮我在这两方面获得成长。今天，当我坐下写这本书的时候，我知道正是由于自己对自我实现需要的认可，让我做出了一生中最好的选择：放弃顶尖律所的工作，转而投身于教学与调解工作。我每天醒来都因自己所做的工作而感到无比满足。

需要有不同的优先级

请注意，虽然人们通常把基本生理需要和安全需要放在第一位，但并非全然如此。人们的价值观不同，如果你经历的谈判足够多，你就会发现有些人更重视精神需要而非经济安全。我调解过一桩涉及宗教组织的法律案件，原告是死者的家属，被告是死者生前所属的宗教组织，原告起诉被告违背合约，原告声称死者是该教的忠实信徒，他曾在生前告诉原告：被告承诺如果他没有足够财力负担殡葬费用，那么教会将负责安葬他。他死后，原告联系被告，请被告确认他是该教会的一员，结果被告没有回应。原告伤心地告诉我们，死者的遗体在停尸房放了整整一个月，直到原告凑够了钱安葬他。

这桩案件里没有书面合约，但是这个宗教组织的律师（她本人也是组织的信徒）从调解一开始就告诉我，如果原告家属宣称的是事实，那么不管法律是怎样规定的，该组织出于道义需要也应平息此事。换句话说，该组织的精神需要超过经济或法律需要。

继续深入：有形需要和无形需要

现在你已经了解了这些种类的需要，哪些让你有共鸣？你的脑海里是否涌现出其他需要？如果有，请把想到的需要也写下来。

你完成自己的需要清单后，我们会更仔细地看你写下的内容，帮助你更深刻地理解自己的需要。我们将设计你能完成的行动计划以确保这些需要得到满足。第一步就是浏览你的需要并将其分成有形需要和无形需要。

有形需要

有形需要是你能看得见、摸得着、感觉得到、数得过来的需要：客户带给你的东西、金钱、头衔或者商店外墙上的绘画、分数、工作和货架上的物品。如果你问自己"我需要什么"，然后从有形需要答起，比如"更多金钱"、"晋升为副总裁"或者"新客户"，这将是很好的起点。请确保你将自己能明确的所有有形需要都包括在内。

但是工作远未结束，因为我们希望在考虑你的需要时能超越有形需要。看一眼你列出的清单上的有形需要，问自己这些后续问题：

"是什么让这个变得重要？"

"这个对我来说代表什么？"

这些问题帮你知道为什么自己会把这些有形需要列在清单上。一旦我们知道了"为什么"，就可以继续处理下文中"怎么样"的问题。比如，你可能一开始会提出一些具体的需要——"这个季度我需要 5 个新客户"。当你问自己是什么让这个变得重要的时候，你可能会意识到"我需要更多的客户，因为这意味着财务安全性更强"或者"我的人生需要挑战和进步"。这很好，一旦你深入挖掘具体需要，你将发现自己内心深处的需要和价值。我们会用这些为你量身制订计划。

有形需要经常代表其他需要——其他更大的需要，而有形需要只是其中一部分。我们需要深入有形需要的根部，挖掘出底下更大的需要。比如，当我问一家健康消费品创业公司的总裁沃尔登有关他公司的需要时，他说的第一件事就是"让产品渗入各大连锁商店，到 2021 年第一季度在某中西部城市实现高客户消费率"。当我跟进这一答案继续问他为什么这很重要时，他答道："每个人都知道我们的产品可以在海岸边热销。许多新的健康产品在纽约和洛杉矶卖得很好，这是既成事实。能够脱颖而出的成功产品一定要在全美其他地区占有高市场份额。如果我们能在得梅因这样的城市实现高客户消费率，我们的投资者和市场都会知道我们要常驻这里，我们会准备好下一轮融资。"我重新总结了一下他说的话并问他："所以中西部城市的市场渗透数量对你的需要来说意味着什么？"他答道："好吧，我还没有想过这一点，不过说真的，中西部的数量意味着投资——让已投资的人开心，并且吸引新的投资人。"我们在需要清单里补充了"投资者吸引力/满意度"，并将"中西部数量"写在下面。

和沃尔登一样，一旦你将深层需要明确化，你就会扩大或凝练与之相伴的有形需要。在你明确为什么这些对你如此重要时，我希望你问自己："我可能还会怎样满足自己让投资者满意的需要？"通过这种方式，你既可以阐明根本需要，又可以创造一份完整的选项清单并实现清单上的需要。

无形需要

你的清单上的一些需要可能是无形的，这些无形需要短暂而重要，是赋予生命意义的理念，就像我们在前文中讨论过的许多需要一样。当你列出自己的有形需要后，将这些需要和更深层的东西联系起来时，那些更深层的需要就是你的无形需要。常见的无形需要包括尊敬、名誉、认可、沟通、成功、进步、爱、安全、隐私和自由。

无形需要有时会让人觉得含糊不清，因为这些需要看不见，也数不清。但是无形需要很重要，因为它们通常超越任何一个特定问题，并给予我们生命的整体意义和目的。承认这些无形需要能帮助你为整个职业生涯或个人生活制定行动路线。记住，本书中提到的引导你的关系和未来是一项长期工作，而不仅是为了一次谈判。你通过质问自己的个人需要能创造远超一次握手、交流或拥抱的价值。

所以如果在你的清单上目前没有任何无形需要，花时间想一想你已经列出来的需要，它们是不是和你在本章节中见过的某种无形需要有关联？你在浏览这些需要时是不是想到了其他无形需要？

如果你已经有无形需要，那很好，现在我们想启动这项工作的第二阶段：无形需要具体化。我们想让这些无形需要变得切实可行，这样你就可以着手实现它们了。因此，对于这些无形需要，你将问自己一个重要的后续问题："这个需要看起来是怎样的呢？"

比如，调解商业冲突时，我经常听到："对于这个问题，我需要一个公平的解决方案。"他们反复强调公平。我会接着问："你觉得对你来说公平是怎样的？"这就是我们在寻找解决方案的过程中取得进展的开始。不同的人对公平的看法大不相同。当我问人们这个问题时，以下只是我听到的一些比较典型的答案：

• 20 万美元

• 2 000 美元

• 一次晋升

• 帮助安排一次儿童语言治疗门诊

• 高层管理人员的指导

• 周末看一小时电视

• 干洗店的折扣

• 投票权

• 休假

• 不带小孩的时间

• 让 6 只野猫搬出一幢住宅楼（真的，不骗你）

• 更好的办公位

• 一句道歉

明白了吗？公平在不同的语境或不同的时候可能对你有不同的含义，只有你问了才知道。所以面对无形需要，请确保你问过自己："这种需要看起来是怎样的？"一旦你有了初步答案，为了完善你的需要清单，你要问自己："我还能怎样在这个情境中实现公平（或者任何我需要的）？"一直问自己，直到你感觉需要清单已经足够完整。

再看一个例子，布雷特过去10年都全职在家照顾她的三个儿子，最大的现在9岁，另外两个分别是7岁和5岁。布雷特正考虑重新上班，她曾经是管理咨询师和项目经理，对公共关系咨询感兴趣，在家带孩子期间也曾选修了几门课。她想创业，同时非常关注社交媒体。但有时候，布雷特发现自己还在犹豫朝哪个方向努力，现在更是停滞不前。她决定把自己的需要写下来，争取明确自己的工作理想。

她的清单里写有"进步感"，我问布雷特"进步感"看起来是怎样的，她答道："嗯，我想制造一些有形产品供人们消费。或许是创建一个我可以分发的附有提示的PDF文档，和客户面对面交流。我想要的不仅是社交媒体平台。无论是面对面还是在网络聊天软件Skype上，真正有人和我在一起工作，这就让我有一种进步感。"得益于我的问题，她的需要变得更加明确（同样更加明确的还有她满足需要的步骤）：制造人们看得见、摸得着的有形产品，找到客户和她一起工作。

金钱不能买什么

经济需要是真实的。金钱是人们的基本、有形需要之一，因为金钱能让我们买到生活必需品。但是金钱也代表了其他事物，这么来看，金钱也可以是无形的，金钱能代表尊敬、认可、进步、贡献、成就甚至自由。

这些年，我和来自不同行业的许多人交流过，他们告诉我他们在财务谈判中提出的方案客观合理，甚至是极好的，但就是和对方谈不拢。为什么会这样呢？因为相较于损坏情况或经济现实，金钱的数额更多地与其他象征性的东西绑定在一起，比如获得认可的需要、追求公平的渴望、一段失败关系中心灵受到的伤害。

如果所指的金钱是有形的，那么请探索金钱对你来说的含义。金钱代表了什么价值？除了金钱，你还能怎样实现这一价值？如果所指的金钱是无形的，例如经济自由，那么请问你自己："经济自由看起来是怎样的？"这会让你在合适的语境中理解金钱，告诉自己为了实现这一价值到底需要什么，是丰厚的退休金，还是一年的工资用作储蓄？

知道自己真正的需要将帮助你谋划未来，这远胜于一次个人谈判的成果。

常见难处的解决

当你回答"我需要什么"的时候，以下附加提示将帮你解决一些可能出现的问题。

如果我感到困扰怎么办？

如果你读了这么多还是觉得头脑一片空白怎么办？如果你无法明确自己的任何需要，我教你通常有效的两招。

第一招：想想对于现状，你最近最无法忍受的地方或让你最失望的地方，然后反过来想，把对立面写下来。这就是你的需要。如果你遇到的主要问题之一是感觉在关系里受到轻视，你追求的可能就是感激、尊敬或认可。如果你坐下来看本书是因为一项工作让你一刻不得闲……那么现在你能看清自己的需要了。

第二招：人们对这个问题产生困扰的另一个原因是他们活在别人的想法中或别人认为他们应有的需要里。有时候，别人会告诉我们："你需要……"有时候，我们把别人所拥有的事物当成了自己应有的需要。这些都很容易给自己造成困扰，如果你的困扰是因为想到某些人及他们所认为的你的需要，请继续思考并解决这一困扰。请将别人认为你应当需要的东西列出一份完整的清单，然后放在一旁。写下这些需要有助于你区分自己真正的需要和别人所认为的你的需要。

如果我是代表某人或某个组织谈判，我该怎么考虑自己的需要呢？

"我需要什么"这一问题适用于公司、机构和个人。在我们完成一开始关于需要的头脑风暴后，我会继续深入，根据你在谈判中的不同角色和身份——我称之为"帽子"，帮助你分解自己的需要。

我们如何确保自己对不同的"帽子"或角色负责呢？想一想有关你的责任、身份和角色，无论是正式的还是非正式的。比如，凯莎是一名教师，她的女儿患有孤独症，她正就女儿伊玛尼的个性化教育计划（一种为残疾孩子设计的教育计划）和一个学区谈判。她坐在桌前，思考着自己不同角色的需要：(1)伊玛尼不能清楚地表述自己的需要，而她是伊玛尼的母亲；(2)服务本镇的所有儿童，作为当地特殊教育家庭和教师组织的领导者；(3)重视教师角色和专长的教育者。承认以上所有需要既帮助了凯莎明确自己希望达成的目标（请私人护理为伊玛尼进行日常治疗），也让她想清楚应如何陈述自己的论点，使得在场教师产生共鸣。

同样，如果你代表一个组织行动，你不仅会有组织需要，也会有个人需要，就像本章节开头莉莉娅的故事那样。

总之，我们解析谈判中人们表现的所有身份有多重目的：一是扩展了需要清单，使得我们能尽可能地满足谈判中己方的所有需要；二是明确了谈判时我们承担的不同角色，包括我们之前甚至没意识到的角色；三是帮助我们找准看似冲突的利益分歧点，而我发现内部矛盾的需要是造成冲突和停滞的主要原因之一。

如果我的有些需要看似矛盾怎么办？

你发掘自己的需要时，可能会发现有些需要看似矛盾。比如，当你考虑从一家大公司跳槽到一家创业公司时，你可能会同时需要产品创新带来的专业成长和家庭的财务稳定。这是很棒的发现，它也许会给你提示，让你明白为什么自己无法做出跳槽的决定。请写下这两个需要，当我们知道你有看似矛盾的需要——很多人确实有，就能理解这些需要是否真的矛盾，或者是否有两全其美的办法。（暗示：通常存在两全其美的办法。）

如果你阅读本书的原因是在个人生活或工作中感到停滞不前，请浏览你的需要清单，问问自己是否存在看似矛盾的需要。如果存在，这种内部矛盾的升级将导致停滞不前的感受，以及矛盾的感受或行为。应对的方法之一就是重新审视你觉得矛盾的需要，将其具体化后再判断是否真的矛盾。

将需要分解到自己的角色、身份或"帽子"里也能阐明矛盾。回想布雷特，那位在家照顾儿子一段时间后考虑重新工作的母亲，她对未来的方向感到犹豫，感觉在和自己争吵。当我们谈论她的"帽子"和需要时，她把这些分解，如表1所示。

表1 布雷特的"帽子"和需要

母亲	妻子	自己
与儿子们的关系	与丈夫之间的财务平衡	与他人的关系
教儿子阅读	分担家务	财务贡献
对儿子们的成长进行投资	家庭和睦	进步感
在儿子们年幼时陪伴他们	与丈夫的关系	冒险

这样列明后,布雷特看了一眼自己的需要,说:"我担心与儿子们关系的需要会与旅游和冒险的渴望产生冲突。"我们接着浏览了每种需要,观察这些需要在实践中看起来是怎样的。

当布雷特问自己"与儿子们的关系看起来是怎样的",她发现对她来说就是:

- 给每个儿子都安排出专门的时间;
- 周六早上在运动和其他活动之前和儿子们依偎在一起;
- 一周两次的家庭晚餐,其间不看电视。

当她将"旅游和冒险"的渴望具体化时,给出如下定义:

- 一年一次没有家人同行的"只为自己"的旅行;
- 在别的城市为其他同样重视旅游和社群的女性举办一次企业家工作坊;
- 上法语课;
- 做一些离开舒适圈的事情。

看看这两份清单，这两种需要真的冲突吗？有没有办法让布雷特二者兼得呢？当布雷特和我看这份清单时，我们马上发现有很多办法能让她同时满足这两种非常重要的需要，至少在大部分时间都可满足。比如，她可以参加一周一次的课，同时参加一周两次的家庭晚餐；她可以深情拥抱自己的儿子，也可以和丈夫来一个约会之夜，再计划一次满足自己的个人出行或休养。有时候我们可能会发现自己的不同需要之间产生了严重的矛盾，比如翻新厨房的需要可能会和建立储蓄和应急资金的需要冲突，但是如果我们深入探究自己的需要在实践中究竟是怎样的，我们往往能找到两全其美的办法。

（请做好准备，在下篇中，当你问别人有关他们的需要时，还会再次完成这一协调需要的练习。）

需要会变化

正如阿娜伊斯·宁告诉我们的："生活是一个不断变化的过程。"[22] 需要和拥有它们的人类一样，从来不是静止的——总是在变化。当我们变化时，我们的身份和角色也发生了变化。所以，我们作为儿子、女性、经理、医生和教练的需要都会随着身份的转换而变化。

我现在作为一名大学教师的需要和12年前刚进入哥伦比亚

大学法学院时是不同的。沃尔登作为公司总裁的需要也是变化的，一开始在他改良产品并寻找启动资金时是一个样，而在他的公司面对第三轮融资、在全球范围内开拓市场时又是另一个样。布雷特作为家长、妻子和自我时的需要都可能随着自己的变化、孩子的成长而改变。

所以如果你面对的是持续性的问题，应多重谈判，你的需要可能也会变化。如果你和别人之间的谈判不止一次，那么也请你和自己重新谈判。

总结和最后一个问题

这里还为你准备了一个小练习，我希望你现在花一点儿时间承认一些尚未承认过的事情。

这是什么意思呢？有时候，我们最大的需要是那些我们甚至对自己隐瞒的需要。我们进行自我评判时可能都没有意识到这一点。所以我希望你在结束阅读本章节时能够停下来，问自己这个问题：在这种情况下，我最不被他人接受的需要可能是什么？

我问过布雷特这个问题，在听到她说要照顾家庭、维护她和丈夫之间的亲密关系等"更为社会所接受"的需要后，她突然打住，深吸了一口气，说出了她的一些"秘密"需要。最终，她承认自己需要超越家庭的成就感。"我知道我不应该太过关注这方面……我是一位母亲，不是吗？我的孩子当然是最重要的，但我真的怀念那种自己在更广阔的天地有所成就的感觉。"

这个列出最不被他人接受的需要的练习对每个人都很重要。我们经常评判自己的需要，认为成就感、吸引力、金钱等需要是不好的、不合适的。但有这些需要又有何大错呢？为什么我们内心很难承认这些需要？当我们忽视这些需要时，我们最终会否定自己，限制自己在谈判中的收获，甚至扼杀我们的潜力。

现在你已经回答了这个问题，试着列出你所有的"帽子"、有形需要和无形需要，然后将其深化、具体化，我们将汇总你的需要。回顾你写下的所有需要并写一段总结，记下你经常想到的词语或主题，以后你将用到这份总结。

谈判策略 2
列出你的有形需要和无形需要，将其深化、具体化，记下你经常想到的词语或主题，然后汇总，这将帮助你明确自己的需要。

问题三 我的感受是什么？

高管的烦恼

卡拉是一家大型跨国消费品公司的高管，工作很忙，以冷幽默和不说废话出名。在大学毕业后的 18 年间，她通过向大型连锁药店和其他商店销售家用清洁剂和个人护理用品，在职场上稳步上升并获得现在的职位。

有时候这项工作节奏快、压力大，但是一直以来，即使是卡拉最亲密的同事和朋友也从未见过她沮丧或掉眼泪。她经常说："我不会沮丧，我没时间沮丧。"在卡拉的年度考核中，有关她的主要批评意见就是"要慢下来"。随着她工作资历的增长，结婚后的她依然省吃俭用，过着远低于收入水平的生活。为了买理想的房子，卡拉几乎不承担财务风险，积累了大量储蓄。到了买房子的时候，她向我展示了一张令人印象深刻的 Excel 表格，里面列举了她理想中房子的所有特征，然后分析每处房子满足表格里的哪些特征。她说："所有内容都在我设计的这张电子表格里。"最后她选择了表格上打钩数目最多的房子。

卡拉的两个儿子出生后，她对健康生活产生了热情，并且取得了营养证书。当她将注意力转向健康家庭饮食的时候，她开始更多地思考自己和家人希望使用什么样的家用产品，并且开始了解更多的天然产品。她比较了自己家用的产品和在工作中销售的产品，发现了二者之间的脱节，于是萌生了做出改变的想法。

2019年，卡拉开始关注一些天然清洁产品领域的创业公司，许多公司都想聘用她，而她却在等待适合展现自己的时机。她向我这个谈判教练请教，我们分析了她的全部调查结果——在一张巨大的Excel表格中评估每家潜在雇主的市场影响力、交易条款和领导团队构成，最终她拒绝了所有工作邀请，只好继续寻找新机会。后来，一个相对理想的工作机会出现了，这家公司拥有准确的市场定位、处于上升发展阶段，并且能为她提供合适的职位，然而接受这份工作意味着她的薪酬减少，工资水平将不再稳居行业前列。她反复考虑了几周，和这家公司就合同条款和去留问题进行了谈判，最终到了她做决定的时刻：无论是有关个人薪酬，还是有关公司前景，她都已经从工作谈判中获得了足够多的信息，现在需要她做出决定。然而，她备感无力。"我已经把自己能分析的都分析过了，"她告诉我，"但是不知道为什么，我就是不能做出决定。"这家创业公司通知她，再给她一周时间考虑是否接受这份工作。

就在这个时候，卡拉在我们之间的一次电话咨询中不经意谈起她当天早上都无法起床。事实上，她在过去几个月中一直在忍受肌肉疼痛，病情已经严重到好几次卧床不起的地步。医生们为她做了他们能想到的所有检查，都查不出问题。而今天，这种疼痛甚至让她无法起床做早餐。

以下是我的开场白，我深吸一口气，问道："你对这个决定的感受是什么？"这位不说废话的客户总是尽可能地运用所有比较指标，却从来不提自己的感受。最终，她打开心扉并思考自己对这一决定的感受。她明白跳槽到创业公司意味着工资减少，由此带来的财务冲击凭她多年的积蓄也能应对，然而她没有料到自己虽然寄希望于长期回报，但是真要放弃过去18年的稳定工作并面对由此引发的短期家庭财务风险，焦虑的感受会那么强烈。此外，她无法忽视强烈的内疚感，因为在现在这份工作中，她不愿意给自己的孩子使用自己推销的产品。她告诉我最近公司研发了一款她很不认可的产品，她还不得不打电话向潜在客户推销这款产品，每次她挂断电话的时候都会感到恶心。

把这些感受写在电子表格上后，一切一目了然。卡拉仔细考虑了自己对收入减少的焦虑：她提醒自己对于短期工资的减少已经做了充分的准备，并且在对这家创业公司的研究中，有大量证据表明该公司一旦被收购，她就能获得更多的钱。这让她认识到财务方面的焦虑是正常的，也很可能是暂时的，实际状况也许没有她所预料的财务冲击那么糟糕。

接着，她开始面对近期推销产品带来的内疚感。她明白这种内疚感并不像财务方面的焦虑，如果她不能找到一家更符合自己价值观的公司并为其工作，这种内疚感很可能一直存在。她意识到事实上自己多年前就已萌生这种内疚感，她无法继续向其他家庭推销那些她不乐意给自家孩子用的产品。

卡拉细致地准备了工作谈判，并分析了所有她能获得的硬性数据，却没有意识到她首先需要就自己对该决定的感受和自己谈判。在获得自身感受这一附加信息后，她做出决定——接受新工作，随后肌肉疼痛几乎立刻消失。一年后，她突破了新公司给她设定的乐观情况下的销售业绩指标，她告诉我自己把这一成功归结为工作的幸福感。她对产品的信心使她在推销时充满多年来未曾有的热情和精力。

"感受即事实"

在我第一次学习谈判的时候，我的导师卡罗尔·利布曼（Carol Liebman）教我：感受即事实。她的意思不是说感受是像时间、质量或温度一样的客观存在，而是说感受是真实存在的，在任何谈判中都需要处理感受。感受会构成我们对现实的理解，并影响我们的每一次决策。

我们无法阻止自己在谈判中脱离感受。我读过一篇文章，文中巧妙地把人类的情感比作火山，火山拥有生产力——火山创造了滋养动植物生命的海岛，但火山也具有破坏性——岩浆能够侵害财产和生命安全。就像对待火山一样，你不能阻止人类情感的涌现，但是在有准备的情况下，你可以引导岩浆流入大海而非村庄，由此将危害最小化并将利益最大化。

我们经常试图压抑自己的感受或否认这些感受的存在，但我发现（研究同样证明）这些做法有害无益，直面感受往往更能创造生产力。当我们手持心灵之镜对照自己的感受时，会发生两件事：一是我们能够消除冲突或重要决定中的迷雾或困扰，感到更有条理、更有力量；二是我们将找到帮助我们解决问题的信息。

在本章节中，我将帮助你明确自己在谈判中的所有感受。在整个过程中，我将解释为什么感受是谈判的核心，以及如何明确感受来帮助自己更高效地进行谈判。我将帮助你不带评判地聆听自己内心的声音，这样你可以写下自己真实的感受，而不是你的母亲认为你应有的感受。我们一起跟踪你的原始想法，确保你考虑到自己的所有感受。当你进入交流之窗阶段，和别人面对面谈话的时候，我会给你支着儿，教你如何应对自己的感受。

首先，我们一如既往地和你一起从家里开始做准备工作。

轮到你照镜子了

现在轮到你对照心灵之镜了。记住,你已经明确是什么把你带到这里及你的需要,你知道自己想解决什么问题及自己在当前处境中的需要。现在你将深入自己的感受,就像你在其他章节里做的那样,我希望你能进入一个允许你自由思考的空间。接下来的5分钟内,思考并写下你对这一问题的答案:我的感受是什么?

处理谈判中的感受

在本章节中,我们将谈论感受。在工作中,人们谈及感受时常会感到措手不及。

这可以理解。多年来,对谈判中感受的常见认知是把感受(无论是积极的还是消极的)视作无用的。我们应该尽量避免感受,或者即使产生感受,也应该压抑它并基于事实谈判。

然而在谈判中,设法准确了解自己的感受是成功的关键。是什么让感受变得至关重要?这里有两个重要的因素。

首先,谈判中总是存在感受。

记住:任何涉及关系引导的谈话都是谈判。你不断谈判,处理着你和同事、客户、经理、伴侣、孩子甚至是和你上周遭遇的追尾事故中的肇事司机之间的关系,关系是你和另外一个人或者一群人当下（或者更长时间）的联系。作为人类，你还可以拥有和自己的关系。

涉及人的任何关系或联系，不管多么务实或简单，都包含了感受。我们习惯性地思考感受，因为感受影响了我们所谓的个人生活，就像我们的家庭关系，然而我们往往没有意识到感受存在于所有的谈判中。（如果未来某个时刻我们都被电脑替代，情况可能就不同了。）不管你面对的是什么样的问题，无论你是否代表别人或一家机构在谈判桌前谈判，或者无论你是不是人们通常所说的"性情中人"，只要你的谈判中涉及人（比如你自己），你就难以回避个人情感。

如果感受一直存在于谈判之中，那么承认感受的存在并与感受相伴而行是否说得通呢？

其次，感受直接影响我们在谈判中的决策力及其他能力。

感受在谈判中很重要，因为它会帮助我们做出或大或小的决定。[1] 神经科学家安东尼奥·达马西奥研究了一些大脑右侧（控制情感一侧）受损、其他认知功能区完整的病人，发现他们不能做出决定。[2] 他们可以谈论自己理性思考下应该做的事，但是连晚餐吃什么都决定不了。[3] 缺少了决策能力，我们将输掉谈判。

情感也会影响创新和创造力：心理学研究发现，同情或感激这类积极的情感能够增强我们准确判断局势的能力[4]，想出具有创造性的解决方案，做到创新，这些对谈判而言都很重要。

消极的情感会抑制这些能力，特别是害怕和焦虑（下文会分别讨论这两种情感）。[5] 承认我们的感受并像对待谈判中其他需要考虑的因素一样加以对待，有助于我们充分利用情感和行动之间的联系。

专业谈判中感受的重要性

人们有时候会质疑所谓的专业谈判——职场谈判或者代理谈判（可能是代表一家公司或政府这样的组织谈判）——是否会包含感受。但如果你希望成为商业、外交或其他领域的谈判能手，就需要理解并处理感受。安德拉·夏皮罗（Andra Shapiro）是NBC环球的执行副总裁、法律总顾问，为了给世界各地的人提供最好的节目，她在各种交易中进行谈判。她的日常谈判对象包括在各大网络及其他平台上发布原创内容的创作者和制作人，她谈判的目的是购买作品版权，或是获取作品发行权。

安德拉说，人们可能会认为这种谈判只和金钱有关。诚然，经济出现在几乎每笔交易中，但你会惊讶于情感处于谈判核心的概率，特别是当涉及内容创造的时候。"当我们就别人创造的东西谈判的时候，就好像对方在把自己的孩子托付给你。"她说，"这是非常情绪化的，而你必须尊重并理解这一点，否则你将无法顺利达成交易。"

同样，当商业交易谈不拢的时候，这些冲突的出现很大概率是因为感受未得到重视。一名参加调解培训的律师曾告诉我他在一家大型律所做合伙人的经历，他的客户是美国一家健康护理行业的巨头公司，这家公司被另一家更大的外国巨头公司收购。收购的流程一开始很顺利，直到两家公司的总裁一起参加了庆祝晚宴。席间，由于文化差异和酒精作用，加上对组织合并后未来的角色缺乏安全感，两位总裁发生了严重的肢体冲突，导致美国公司的总裁在周五的深夜打电话给这位律师说："我希望你马上起草一份仲裁投诉书，我们要起诉！"

律师倾听了客户所说的话，知道通过仲裁投诉不仅代价高昂，而且很可能会败诉。随后他想到调解培训中关于重视情感问题的内容，于是他把那个周末的时间交替用在起草投诉书和与客户交谈上，他问客户："好了，请您告诉我更多关于那天晚宴的情况……"（注意：你在下篇会找到这种提问方式。）最后，这位律师帮助他的客户释放了情绪，并对庆祝晚宴上发生的事有了更好的理解。最后这位美国公司的总裁撤销了仲裁投诉，转而将自己的精力重新集中到新公司的发展上。

照镜子：考虑自身感受的好处

准备好应对谈判中感受的最佳方式就是明确自己的感受。考虑你的感受能在很多方面帮助你。

首先，在你谈判的时候，考虑感受能给你提供重要的信息。谈判不仅受我们就某一问题的需要或信念的驱使，还取决于我们对这一问题的感受有多强烈。知道对一个问题的感受，将帮助你确定谈判中优先考虑的问题。花点儿时间体会自己的感受，这些感受将提示你应该如何打开交流之窗与他人交流。

其次，认可自己的感受会帮助你设计更好的解决方案。一个神奇的后续问题能帮你把感受转换成着眼于未来的想法。如果你感受到负面情绪，我希望你问自己："什么能够帮助消除或减轻这种情况下我的（请在此填入感受）？"比如你是一位医生，在本章节的阅读中，发现自己沉浸在压倒一切的沮丧情绪中，因为医院要求你对某类病人群体提供护理。我希望你问自己："什么能够帮助我消除或减轻这种沮丧感？"通过这种方式，你就可以运用自己的感受寻找如何前进的具体想法。

最后，在私下场合承认并表达自己的感受，有助于降低你在和别人坐下来谈判时情绪失控的概率。研究表明，如果我们抑制了自己的情绪，它们就会在某个时刻反弹，或是对我们的决策能力造成障碍[6]，或是干扰决策过程。还是那句话，你不能阻止情绪火山的喷发，但是承认自己的情绪并做好准备在谈判中应对它，将帮助你利用情绪的力量取得良好的结果。

考虑你的感受会带来解脱和结果

斯蒂芬是美国一家大型律所的高级合伙人，由于他在工作中积累了丰富的实践经验且临近退休，律所要求他承担更多责任——物色新人并指导他们获得合伙人的岗位。8年前，他引荐了一位年轻的地产律师克雷格，这位年轻人展现了成为律所杰出贡献者的潜质。斯蒂芬从初级合伙人的岗位开始指导克雷格，一边称赞克雷格具有的优势，一边指出他可以提升的方面。斯蒂芬注意到，尽管克雷格在招揽新客户方面表现得很出色，但是有时也存在做事冒进、忽视律所规章条例的问题。一天，斯蒂芬接到了一通棘手的电话，律所的管理合伙人打电话来告诉他，克雷格带来了一位新客户，该客户面临地产纠纷，需要上法庭起诉。律所规定，每起法庭诉讼都需要经过来自诉讼部门的高级股权合伙人的签字和审查。克雷格既不是诉讼律师，也不是高级股权合伙人。他知道这一条例，但还是自行提起了诉讼。

斯蒂芬审查了这起诉讼。虽然克雷格的工作做得很好，但是只要他咨询一下斯蒂芬或诉讼部门的其他同事，他的工作就可以做得更加全面。与此同时，管理层对这一故意无视律所规章的行为感到愤怒。斯蒂芬运用上篇中的问题开始了思考，他知道自己的需要：一是确保克雷格从现在起遵守律所的规章条例，同时让克雷格继续在公司工作并有动力继续招揽新客户；二是保持他与克雷格之间良好的工作关系；三是作为一名诉讼律师，斯蒂芬感到自己有责任确保这位客户胜诉。

但他面对"我的感受是什么"的时候，情况就变得微妙了。他列举了一些自己明显觉察到的情绪：

· 对谈话的焦虑；

· 害怕克雷格和管理层之间的关系变得更糟；

· 对克雷格不遵守律所规章感到恼怒；

· 妥善处理这件事的期待。

不过，随着他继续思考，他写下了另外一些情绪：

· 对克雷格的同情；

· 对律所规章的矛盾心理。

这让斯蒂芬感到惊讶。写下自己的感受时，斯蒂芬意识到两件事。

第一，他意识到自己能够理解克雷格在这一情境中的做法。斯蒂芬和克雷格一样擅长和新客户建立良好的关系并解决其问题——用快捷的方式。他在克雷格身上看到了自己，在内心深处，他觉得克雷格的意图不是损害律所的利益，而是想帮忙。他把这些都写下来，这样他和克雷格谈的时候就能涵盖以上这些。

第二，斯蒂芬发现自己并不能确定律所的"明线"规章是否合理。他意识到要想充分解决问题，可能需要双轨并行：不仅要和克雷格沟通，还要和管理层沟通，了解他们在制定这一规章时是否考虑了执行上的灵活度，或者是否愿意通过集思广益的方式了解其他想法，从而帮助初级合伙人。

有时候我们担心如果对照心灵之镜体察自己的感受，就有可能使情况变糟。但是恰恰相反，花几分钟思考自己的感受帮助斯蒂芬与克雷格加强了联系，使得实际问题具体化，更容易得到充分解决，还明确了接下来的方向。如果你像斯蒂芬那样琢磨这一问题，你很可能会发现同样的结果。

找到乐趣

当你对照心灵之镜体察自己的感受时，还需要注意一点。当人们获得提示，开始思考他们在谈判中的感受时，通常会有点儿害怕。就像我问你："你感觉很不愉快的事情是什么？"你会把所有浮现在脑海中不愉快的事情——写下来，然后相应作答。所以我希望在跟进过程中给出一个具体提示：你是否曾写下脑海中浮现的积极情绪？如果没有，现在就请这么做。

我鼓励你在碰到的每一次谈判中关注自己积极的感受。大部分时间，我们放任自己的负面情绪主导谈判，但是除了这些感受，我们还有一些关于谈判的真正积极的感受。没错，你在向客户推销或与合伙人谈话时会感到紧张，但与此同时，难道你不为下一阶段职业生涯的开始感到兴奋吗？难道你不期待能从无休止的冲突中解脱，与某人握手言和吗？最近，我向满屋子的高管提出了这个问题，其中一位高管正与一名雇员展开一场重大的财务谈判，这位高管写下了"她对金钱数额不现实的考虑让我感到懊丧"，进而"我为自己能够发挥谈判者的才能感到兴奋"。找到乐趣（或者喜悦、自豪、激动、胜利后的狂喜）能够帮助我们思考自己在谈判中完整的感受并集中精力应对这些感受。

跟进：通过感受找到解决问题的正确方法

我们已经知道为什么要让感受成为谈判的一部分，并且体察了自己的感受。接下来，我们将解决你在考虑自己感受的时候可能遇到的疑难问题。看看一些常见的障碍，我会教你如何克服它们。

"当我西装革履的时候无法获得感受。"

当你问自己有何感受时，你是不是在一个能够让自己诚实作答的地方？我第一次在联合国提出这些问题时，我很惊讶，许多外交官（不管是男性还是女性）竟会在我问到这个问题时立刻潸然泪下，然后发觉很难写下任何东西。其中一位告诉我："我不习惯在西装革履的时候问自己有何感受。我在工作时能感受到的只有自己允许自己表现的情绪。我考虑的东西不是'西装革履时的感受'。"

我开始理解其实很多人需要和自己的情绪对话，但是并没有给自己创造合适的机会。相反，我们努力压抑自己的感受，特别是在工作场合。无论你每天上班是穿西装、制服，还是同一条短裤，都没关系。如果你在工作中考虑过这个问题并碰到了麻烦，那就找一个能让自己探索"非西装革履时的感受"的地方吧。

"我不知道，我很困扰。"

当你感到困扰并完全无法理解自己的感受时，该怎么办？也许你已经问过自己这个问题，而现在的你脑中一片空白。

我们有能力考虑自己的情绪，但是这并不意味着我们总是很容易明确或表达它们。我们过于习惯压抑自己的情绪，或者走向对立面，感觉被情绪压倒，有时候明确具体的感受很困难。我在这里列出了几条对策，帮助你在感到困扰时明确自己的感受。

情绪清单

如果你暂时感到困扰，无法理解自己的感受，请浏览以下清单中最常见的情绪。人类体验各种感受——比我们在前文中可获得的要多得多的同时，还体验了一些共性的感受，特别是在谈判或冲突中。布伦尼·布朗博士和其他心理学专家致力于罗列不同种类的核心情绪[7]，供我们在生活中检查和使用。以下是一张谈判中常见的情绪清单，有些是专家确定的，有些是我通过自己教授成千上万个学员谈判的经验确定的。

钦佩	共情	自豪	怜悯
愤怒	激动	暴怒	恐惧
焦虑	害怕	后悔	紧张
欣赏	沮丧	抗拒	困惑
喜爱	感激	解脱	羞辱
背叛	悲痛	悲伤	惊讶
指责	内疚	满足	轻蔑
镇定	幸福	羞耻	委屈
同情	好奇	妒忌	渴望
喜悦	脆弱	失望	评判
担心	恶心	孤单	尴尬
归属感	（胜利后的）狂喜		

当你回顾这张清单的时候，请随时根据自己的需要在原来的基础上添加或更正。

面对感受，回到你的需要上来

如果你觉得很难了解自己的感受，请试着回到自己的需要上来，通常你的需要和感受是一枚硬币的正反面。再看一眼你发现的有形需要和无形需要。很多时候，人们感到矛盾的是这些感受的对立面。如果你需要在工作中获得更高的报酬，你可能会感到不受重视、缺乏安全感，甚至感到沮丧，因为你认为自己没有获得和自己价值相称的东西。如果你在关系中需要更多的欣赏，你可能会感受到悲伤、愤怒或仅仅是不被欣赏的烦恼。如果你急切地需要招揽客户，你可能会感到一筹莫展或居于人后。

明确"最糟糕"的感受：克服自我评判

有时候我们问别人他们的感受是什么，结果对方正经历一些不想公开的感受，甚至连自己都未曾察觉的感受。如果你在了解自身感受的过程中遇到困难，请问自己："我现在能感受到的最糟糕的事情是什么？"我喜欢这个后续问题，因为很多时候，我们为了避免羞耻感或自我评判而压抑自己的感受。我们不希望有这些感受，反倒希望是别的感受，所以我们和这些感受脱节了。除此之外，压抑或者否认并不能驱散这些感受，揭示我们"最糟糕"的感受（我加了双引号，因为感受就是一种存在，不分好坏），即使它们看起来并不吸引人，也能减少它们带给我们的影响，帮助我们减轻情绪负荷。当我们拿起心灵之镜对照这些感受时，我们会更清楚前进的方向。

两大隐藏情绪

谈及"最糟糕"的感受时,我想和你分享两种最常见的感受,当人们陷入矛盾时会有这两种感受,但不会表达出来。我记不清曾多少次听别人说起这两种情绪。我们试图压抑它们,但并没有用——它们总是会反复,就像动作片最后的怪兽,给主人公带来一场浩劫。这两种情绪究竟是什么?

是内疚,还有害怕。

内疚和害怕就是我所说的两大情绪——两种我们最想逃避的情绪,其对谈判和关系的破坏力强于其他情绪。我总是想起约翰·F. 肯尼迪的名言:"我们绝不能出于害怕而谈判,但我们也绝不能害怕谈判。"[8] 当人们在谈判或关系讨论中感到困难时,很可能是因为他们内疚,或是害怕。

2019 年,我奔赴全美各地为当地的教育部民权办公室的工作人员提供培训。这些办公室负责处理家长就子女教育问题对学区的诉讼,这些诉讼掺杂了强烈的情绪。当我请其中一间办公室的民权调查员明确他们认为家长可能对学区抱有的最常见的情绪时,他们列出了一张简短的清单:生气、不信任、暴怒。接着,我问他们:"如果我告诉你绝大多数家长坐在你面前时还会感受到害怕或内疚,你什么感觉?"

结果大家瞪大了眼睛,异口同声地说"这样啊"。一位参与者说：

这就很合理了。我猜家长感到非常内疚。的确，学区可能把教育的事搞砸了，但是我能为自己的孩子提供更好的教育吗？为什么我不能在碰到这个问题之前解决它？还有害怕……那可能是最主要的情绪，家长害怕孩子的未来可能取决于他们如何处理这件事，这让他们自我封闭、无法谈判。现在我坐在这里，我想自己见到的绝大多数对学区的愤恨其实是家长自己对所处情境的害怕或内疚。如果我们能妥善处理，可能一些愤恨的情绪就会消失。

当你努力处理自己的情绪时，请想想这个故事中相关的其他人的感受，并想想你是否正面对这两大情绪。直面情绪很难，对吗？好吧，作为一名教师，我相信我将和你一起设法解决这些富有挑战性的问题……我先做个示范，我将告诉你有关自己感受的故事，以及我是如何由于无法认可这些感受而几乎毁掉亲密的家庭关系的细节。

我的父亲是一名律师，我从小就很钦佩他，总是希望得到他的认可。他不仅精力充沛，还热衷于争论。他的一位同事和我形容他是"我所见过的最好斗的信托和地产律师"。我清楚地记得我5岁时问父亲律师是干什么的，他告诉我："人们找爸爸要建议，我告诉他们我认为他们应该做什么，然后他们给我硬币。"我当时就想，这听起来是世界上最好的工作了（所以不出意料，20年后的我也选择去法学院读书）。

我总是渴望和父亲的关系更亲近，能更频繁或深入地就我们关心的事进行交谈。但是我的父亲从不习惯深入情感的交谈，他习惯于找一些工作上的理由打电话给我，然后略显尴尬地谈到更私人的话题，来一句："呃，还有其他新鲜事吗？"我们对法律的热爱是我们的结合点之一。我在法学院的毕业典礼上获得了一个重大奖项，父亲听到我的名字后绽放的笑容对我来说比这个奖本身更有价值。

3年前，才70岁的父亲病了，突然间，他好像变得有些冷漠，开始忘记我的名字，在发给我的邮件中还会出现一串没有关联的单词。我们都害怕他中风了。我联系了哥伦比亚大学神经学系，并把我父亲带去做了一系列的记忆测试，结果他都没通过。医生告诉我们这是一种退化性疾病，无法治愈且不能治疗。我的兄弟们和我相互配合，陪父亲去看了门诊并接受了测试，一起应对这件灾难性的大事。

我的叔叔比尔是父亲一辈子最好的朋友、知己、支持者和唯一的兄弟，他对我来说就像另一个父亲。我都记不清从小到大有多少次碰到难题时找叔叔和婶婶寻求支持或好的建议。这次，叔叔作为家庭团队的一分子，和我一起承受了父亲的诊断结果，但我不想再增加他的负担，让事情变得更糟。和我一样，他也不想让自己的悲伤影响我，所以有一段时间我觉得我们在各自处理这件事，比往常少了很多沟通。问题是，我开始告诉自己暂时的疏离是因为叔叔对我在父亲的治疗这件事上的处理感到不满。这让我更加害怕。我准备好这样了吗？我能把这件事处理得更好吗？最后，在一次家庭聚会上，当我们一起面对父亲看起来很虚弱这一现实的时候，叔叔无心地问了一句是不是需要通过换药缓解我父亲的部分症状，我失控了。我告诉他们，我和我的兄弟正在处理这件事，我们知道自己在做什么，并且已经咨询过最好的医生，我的父亲没救了，任何药物都帮不了他。然后我径直离开。

那天晚上，我感觉糟透了，各种混乱的情绪涌上心头。我花了一点儿时间问自己的感受是什么，结果我先发现了害怕。我试着装出一副很自信的样子，召开家庭会议并提出所有正确的问题，但我内心深处对父亲健康护理的安排感到恐惧。我在很多方面感觉自己回到了孩子的状态，我很害怕去做如此重大的决定，特别是当我不能再向父亲（或者现在，我的叔叔）征求意见。第二种感受就是内疚，我隐隐为自己无力阻止父亲遭受痛苦而内疚，同时我为自己朝亲人发火而自责。我知道他们是恐惧而悲伤的，就像我一样。这种害怕和内疚让我充满戒备；我急切地需要叔叔和婶婶的认可，但用了一种可能是最糟糕的方式索要这种认可。

当晚，婶婶联系了我，说想谈一谈，对她的这一举动，我一直很感激。我们坐在台阶上，她说："你知道……你的叔叔和我以前从来不会袖手旁观让小辈决定一些事情。我们觉得有点儿不知所措,但我们是好心的。"

我说:"谢谢。您知道我也从来没有碰到过这种情况,同样觉得不知所措。内心深处,我已经崩溃了。父亲再也不能告诉我他对我的认可,所以我真的非常需要听到你们信任我并且支持我。"

她安慰我说:"我们当然相信你了。你和你的兄弟为你们的父亲尽了最大的努力。我们问你有关药物的问题不是想要质疑你,我们能不能往前看,设想一下接下来对彼此都是最好的情况是什么。"

我赞同地说:"没问题,完全是我反应过激了,因为我很努力地想要控制我其实无法控制的局面。我们从头来过吧。"

通过直面自己的感受并诚实地和婶婶分享这些感受,我们都能够认识并接受彼此内心深处的恐惧。我们将一次充满挑战的家庭冲突转化为彼此更加亲密的契机。现在,叔叔和婶婶是我在艰难时刻重要的精神支柱。我父亲的医生们最近感慨他们很少见到如此团结的家庭。尽管父亲病情的恶化使大家感受到巨大的悲伤,但我们在彼此的支持中找到了很多宽慰和解脱。

最后一步:在谈判中表达你的情绪

为准备谈判,你已经开始处理自己的情绪。那么下一个合乎逻辑的问题往往是："当我坐下和别人谈判时，我是否应该表现我的情绪？"

作为一般原则，我相信谈判需要透明。

清晰的沟通能帮助你创造更多的价值，而表达怜悯、激动或自豪等积极的情绪能帮助你和对方建立联系[9]并增加对方愿意与你共同实现彼此目标的机会。但是那些比较消极的情绪呢？下面我会讲两种被问到最多的情绪——愤怒和焦虑。

愤怒

愤怒在生活中和谈判中都是正当的情绪，然而许多人都被告知他们不应该感受或表达愤怒，特别是女人和身处某些文化中的人，即使承认并表达愤怒能给很多人带来力量。

在谈判中，你会怎样应对愤怒呢？如果你在谈判中感到愤怒，研究表明你可能很难想出富有创意的双赢方案[10]，而且你可能还难以准确地评估对方的需要。提前处理你的愤怒有助于你和他人面谈时保持思路清晰、做到目的明确。

在谈判中，是否表现愤怒的决定权最终在你，表现出愤怒将导致不同的结果。[11]如果谈判中你比对方更有权力，由于你表现出了愤怒，他们可能更容易在短时间内做出让步[12]，但是研究表明，长远来看，他们和你做生意的意愿也可能因此降低。[13]如果对方比你更有权力，你表现出的愤怒可能会导致冲突升级或谈判陷入僵局。[14]

当你和别人谈话时，如果你感到愤怒但并不想表现出来，那么表达一种相对温和的情绪（比如失望）可能既会让对方感觉到你对某事不开心，也能让对方尽可能地克制自己的反应，并帮助你尽快实现谈判目的。

焦虑

谈判中另一种棘手的情绪是焦虑。在谈判中出现焦虑将导致人们接受有缺陷的建议、容易放弃并忽视自己的需要。[15]如果你在本章节前面的部分已经将焦虑列入自己的情绪清单，那么绝大多数时候，你希望自己处理焦虑，而不是在和别人面对面坐下后大声说出来。（例外的情况是和生活中亲密的人谈判，可能是家庭成员或伴侣，而这类谈判的目标之一就是完全的对内坦诚、对外保密。）

在你应对焦虑时，需要考虑很重要的一点：你到底是对谈判的内容感到焦虑（比如你的工资在部门内处于什么水平，以及这对你在公司的未来发展的影响），还是对谈判本身（比如找管理层要求加薪的整个流程）。

无论是哪种，承认焦虑并提前应对都会使你受益。如果你对谈判的内容感到焦虑，并且你在谈判前已经着手处理这些问题，你将获得更多信息，它们会帮助你充分准备谈判。如果你对谈判的流程感到焦虑，你将从承认和应对焦虑中收获更多。承认焦虑并回答本书上篇中的其他问题，能帮你最大限度地减轻对谈判本身的焦虑。谈判总是包含我们不能控制的事，但也有很多是我们可以控制的事，即通过向自己提出正确的问题，你将处理好自己影响力范围内的部分。

最后一种应对焦虑的办法是提前浏览上篇中的问题，设想对方可能做出的回应。把答案写下来，根据你提出的问题设计潜在谈判策略，然后努力推进谈判。

总结

到目前为止，你已经在上篇中对照自己并直面自己的感受。现在，请花点儿时间通读你在本章节写下的笔记，并总结要点或主题。

接下来，我们将思考一个能为设计解决方案提供绝佳思路的问题——请享受思考的过程。

> **谈判策略 3**
> 浏览情绪清单，它将帮助你理解自己的真实感受。恭喜你，随着你对自己的了解越发深入，你在谈判中收获越多。

问题四　我从前是如何成功处理这种事的？

薪酬谈判

即使是对成功的聪明人来说，薪资谈判也比其他谈判更让人感到不安和焦虑。

3年前，安德鲁获得商业学士学位后到一家金融机构工作，他想通过谈判实现自己的首次升职和加薪。从安德鲁加入公司的那一刻起，他给自己的定位就是不仅要做好本职工作，还要通过招募并指导大学生、服务于为员工创造福祉的委员会等手段为公司营造积极的工作环境。

安德鲁告诉我，在他最初作为初级雇员加入公司时，员工的报酬是一刀切的，也就是说，同一职级的所有员工获得的报酬一样多。你仍可以通过谈判获得好差事和好导师，但是收入是一样的。他努力工作并靠工作成绩为自己代言。

3年后，安德鲁想成为经理。他在前一年已经具备升职条件，但他没有积极申请，当然也就没有获得升职。作为移民的后代，安德鲁从小就认为自己无权享有任何东西，只有凭借刻苦和奉献才能获得最好的结果。然而现在，他渐渐发现光靠刻苦和奉献还不能取得成功。随着年度考核的临近，安德鲁希望借此机会提出自己希望升职和加薪的请求。他认为经理的收入比他目前的收入一般要高15%~25%，但是升职和加薪都取决于他如何争取。今年，他想设计一套谈判策略来争取更多。

我们这样定义安德鲁的主要目标：他想要通过谈判让工资尽可能增加25%，但不止于此，他也希望向管理层证明自己具备公司未来领导者的潜力，他还希望自己不仅是在代表公司或客户，还有在为自己谈判时展现出自信。他的需要包括：对他为公司所做的一切的认可，包括他的客户工作和组织工作；朝着高级合伙人或许还有公司管理层发展的进步感；获取更多成功谈判的经验。

我们还仔细思考了安德鲁的感受：一方面，他对自己开始积极谋划职业生涯感到激动；另一方面，他对为了财富而积累财富的观念抱有复杂的感受。此时，他赚的钱不仅足够养活自己，还能支持父母。如果是代表公司谈判，他不会感到不适，但是为自己争取更多的时候，他会感到有点儿内疚。他承认正是由于这些矛盾的感受，导致他在前一年获得资格时没有要求加薪或升职。

我问他以前是如何成功应对类似谈判的，他看着我说："这是第一次。大学的时候我曾在一些很棒的公司实习，但是所有职位都是不带薪酬的。现在我在这里做金融，做得很好，但是我之前从来没有为自己的薪酬谈判过，所以我并没有成功的先例可以借鉴。"

我看了看自己的笔记，问："好的，让我们看下你的策略中的不同要素，并将策略分解。你觉得什么能帮助你这次一举成功？"

他想了想，说："好吧，我需要有理有据，这意味着我需要回顾自己各个方面的表现并尽可能完美地展现它。我还应该构建清晰易懂的论点，让公司相信给我升职加薪将使公司获益。根据我的经验，这种方法对管理层最有效，也和我的价值观相符。我还应该花些时间和公司里那些能影响升职决定的关键人物单独谈谈，接近他们，并向他们提供推荐我时的讲话素材。最后……我需要让自己在这件事上振作起来，表现出真的对自己的价值深信不疑，从而说服他们认可我的价值。"

我总结道："听起来你好像需要：（1）做好研究，有理有据；（2）在双赢的框架中陈述论点；（3）接近关键人物；（4）使自己振作，相信你主张的就是正确的，而不仅是你所希望的。让我们回顾过去，看看你是否有过包含以上因素的成功的谈判经历。你刚才提到在那家公司的经历证明了构建双赢的论点是最有效的，这或许提示了我们从哪里入手？"

安德鲁想了想，谈及他刚进公司时为初级雇员组织培训项目的想法，这在当时的同类竞争公司中可谓独一无二。他通过努力办成了一期演讲者系列培训，旨在指导初级雇员提升领导力、谈判力和其他帮助他们进步的能力。该项目极其成功，但此前需要向领导团队做不少宣传。安德鲁必须证明该项目有助于吸引并留住顶尖人才，长期来看能创造更好的公共关系和财政收入，因为可使员工幸福感更强、人员流动率更低。他必须证明这对初级雇员（包括他本人）和高级管理层来说是双赢的。

安德鲁解释了他这次做同样事情的犹豫："当时我不仅是为自己发声，所以使自己振作起来并不难……但是现在情况不同了，我想我需要先为自己发声获得这份工作。这是一个充满竞争的工作市场，而这家公司的工作令人向往。我不是在要求具体的报酬，而是请求获得一个职位，还有我理想的团队，这些空缺都很有限。我相信自己非常适合这份工作，我能做出贡献，事实也的确证明了这一点。可能这次谈判并非那么特别。"

回想了以往成功的谈判经历后，安德鲁在这次谈话中对如何进行他的薪资谈判有了具体想法。6个月后，他成为所在部门的经理，有两个直接下属，薪酬也增长了18%。安德鲁得到的还不止这些，在他和管理层就升职问题的单独谈话中，他表达了希望最终获得高级管理层职位的想法。一年后，他进入仅对初级雇员开放两个宝贵名额的公司管理委员会，这一安排体现了高级管理层看重安德鲁所具备的领导力，他终于步入了实现目标的正轨。

"我从前是如何成功处理这种事的？"

我希望你能挖掘出过去和目前面临的类似的挑战，并回想当时成功应对的方法。我将帮助你找回当时成功的思维模式，从而让你获得内在的智慧和有助于未来谈判的想法。回想以往的成功还将使你在谈判中更加自信。如果你像安德鲁一样很难回忆起类似情形下的成功往事，我将帮助你找出另外一件有助于你应对目前谈判的成功往事。总之，我确信我们将发现你过往的成功经历和你现在面对的情况相比有很多相似之处，可能比你期望的更多。结束阅读本章节时，你将更清晰地认识自己所面临的处境，并准备好迎接未来。

回想成功往事

在提示人们回想成功往事时，我经常会观察到他们在我眼前的转变：他们一开始感到不确定、忧虑或迷茫，然后变得自信、有条理，甚至对谈判感到兴奋。询问成功的过往不仅能帮助你回答上篇的最后一个问题，还有助于你准备好在合适的时间坐下来与对方谈判。

"我从前是如何成功处理这种事的？"这一问题能带来转变是有多重原因的。首先，它将这一次谈判置于大环境中。当我们面对一个问题——艰难的谈判、潜在客户的拒绝、关系冲突、失败的商业交易，或是一些我们从没有做过的事，我们经常让经验占据我们的大脑，以致忘了曾经有许多成功的经历。其次，正如上述例子所示，这个问题让我们更具体地关注对我们有益的方法、环境和技巧，因此能获得在这次谈判中可借鉴的良好经验。最后，也是最重要的一点，当人们花时间思考成功往事时，他们更有可能在下次谈判中取得更好的结果，无论是研究结果还是个人经验都证明了这一点。[1] 回想成功的过往给人以积极有力的精神支柱，我们可以一起利用这一点获益并尽可能用最佳方式迎接未来。

让我们逐一了解这些原因。

一次失败不代表什么

有时候，我们会对谈判产生负面情绪，也许谈话并不顺利，比预想的困难，或是尚未等到我们去应对就已经让人无比焦虑。如果你的谈判包含工作中、家庭中或与自己的长期关系，那就更是如此了。

如果你面对的谈判包括生活中与你有长期关系的人或长期存在的问题，并且你发现自己在谈判中存在负面情绪，那么这个问题能够帮到你。当人们处理一个问题时，有时候会让这个问题占据太多的大脑空间（而且有充分的理由），以致他们忘记了曾经成功应对一次类似的谈判，或者很多相似的谈判。

让我们一起了解一下医生杰米拉的处境。她正和自己的一位老病人本较劲，本有糖尿病，而杰米拉很难说服他坚持用药。杰米拉对本很关心，甚至在他身上看到了一点儿自己的影子（他们都精通音乐）。当她看到本因为没有坚持用药而遭受病痛的折磨时，她非常沮丧。杰米拉在上次的门诊中感到愤怒而疲惫，她知道自己变得过度沮丧，因此她需要冷静下来并再想一个办法。

杰米拉仔细回想和本打交道时的成功经历，她想起自己曾和这位病人成功地打了几次交道。比如当本第一次找杰米拉治疗时，他正努力改变不良的饮食习惯。杰米拉花时间和本交流，问他生活上的问题及他的喜好。最重要的是，杰米拉安慰他，改变能够给他带来可控感。本同意去见营养师，饮食习惯也比刚来的时候有所改善，甚至还减了点儿肥。杰米拉意识到她和本的谈判总体上并不是失败的，可能用药问题最终也能够解决，只是需要时间。

回想成功的过往能将谈判置于大环境中，在那些你与谈判对手不存在长期关系的难度较大的谈判中创造奇迹。我和广告主管伊莱贾聊过他最近一次失败的谈判，他很想找一份工作并参加了招聘面试，然后尝试接受公司管理层开出的有关薪酬和工作职责的条件，但伊莱贾觉得一些条件没得商量，公司管理层也不肯让步。最终，来回谈判导致双方积聚了很多负面情绪，都觉得不可能签订劳动合同了。

伊莱贾对事情的发展态势非常失望，他不仅对这家公司处理事情的方式感到愤怒，而且很怀疑自己的做法。由于伤心沮丧，他在接下来的一小段时间里暂停了找工作。但当伊莱贾提醒自己回想在求职谈判中的成功往事时，他意识到在自己的职业生涯中，他曾用自己的方式谈成了几乎十几份工作，有的他接受了，还有的他虽然喜欢但最终做出了其他选择。通过将最近一次的"失败"放到整体经历中，伊莱贾意识到一次糟糕的工作谈判并不能否定他作为谈判者的价值或在市场中的价值，于是他重新开始研究。

就像杰米拉或伊莱贾，你可能也会发现当自己回想如何成功处理类似的情况并将谈判置于合适的环境中时，一些负面的情绪就会消散。当我们花时间提醒自己过往的成功经历时，我们减少了头脑中的杂音，帮助自己看清这一次谈判不过是人生中已经应对过的诸多谈判之一。

你的成功往事是信息生成器

这个问题能带来的另一个好处是它扮演了信息生成器的角色，帮助你回忆曾经奏效且可能再次用得上的策略。前文故事中的安德鲁回想了过去的一次（或者两次）成功经历，结果创造了一份有用的行动清单，上面罗列了他尝试在薪酬谈判中完成的事。这份行动计划包括了研究、构建论点、和关键人物会面及自我激励。

我曾看到以上做法在不同情况下对不同的人都反复适用。

罗莎是一名企业主，拥有多套房产，多年来，与装修承包商史密斯合作愉快，史密斯也从中获利颇丰。他们最后一次合作是厨房翻修，然而这次合作却以合同违约、没有报酬、工程半途而废收场，给双方都带来了糟糕的感受，最后双方只好就工程款和是否继续合作的问题展开谈判。作为他们的调解员，当我问他们以前如何成功达成彼此之间的交易时，几件重要的事几乎立刻蹦了出来。首先，他们能清楚地记起多年来合作过许多项目，这就把当前的冲突置于整体合作经历中，并将注意力集中到基本良好的长期关系上来。其次，他们能够意识到某些以前奏效的做法（签订合同、一起挑选硬件设施）在这次交易中都缺失了。比起他们此前的合作项目，当前的项目不仅时间仓促，投入也更多。关注成功往事后，我们重拾了一些他们对彼此的良好感受，也为他们提出了有关未来的建议。他们决定继续合作并确保签订书面合同。然后他们制定了一些准则，明确了工作进程中有关设计选择的沟通方式。

布拉德是少女哈珀的父亲，家庭争吵使他感到非常焦虑。这些被布拉德称为"爆胎"的争吵经常出现在哈珀早晨上学的时候，这已经严重影响整个家庭，包括布拉德的妻子和其他两个孩子。尤其是最近，布拉德会控制不住大喊大叫，这让他很难受。布拉德已经尽力和哈珀就此事进行谈判，但结果并没有好转，他开始对自己的能力感到绝望。

当我问及布拉德有关过往的成功经历时，他花了好几分钟才进入思考状态。渐入佳境后，他想：前些年哈珀有段时间阅读困难，她感到不自信并每晚和布拉德就家庭作业发生争吵，他们有一些类似的"高分贝"争吵，都是以双方落泪而告终，最后布拉德帮她渡过了难关。怎么做到的呢？回想起来，布拉德意识到自己做了以下几件事。第一，他为哈珀找了一位年轻的阅读家教，哈珀很尊敬且崇拜这位老师，他们建立了良好的关系，因此哈珀更有动力学习阅读。第二，在家教阅读辅导结束后，布拉德努力增加和哈珀单独相处的时间，他们一起参加彼此都喜欢的活动，比如去儿童博物馆或者外出买冰激凌。布拉德感觉这些活动增进了他们的感情，所以他们能够渡过哈珀学习阅读的困难时期。

有了这些信息，布拉德决定寻找一位风度翩翩的年轻治疗师和哈珀建立联系，帮助她缓解焦虑。布拉德还承诺每周抽出几个小时陪哈珀放松，做一些彼此都喜欢的事以增进感情。他开始对自己帮助哈珀（和他自己）渡过眼前难关的能力感到乐观。

以上这两种情况，回顾成功的过往帮助一些人在富有挑战的谈判中获得具体的想法，为续写成功提供了思路。如果这也适用于你，请花点儿时间思考过去的成功经历能否在应对谈判时帮助你产生想法。

积极的感受能激发创造力

将过去的成功经历作为谈判策略的一部分来考虑还有一个巨

大的好处。当你回想成功往事时，会感觉更好，而当你感觉更好的时候，便增加了你在下一次谈判中表现更好的机会。除了将你的情况置于整体经历中并产生有用的想法，回忆成功往事的另一个主要原因就是帮助你获得力量，让你感到开心和自豪，从而对你着手解决眼前问题产生积极的影响。

我们从许多研究中还获知，将注意力集中于积极事件可以增加自己在谈判中的智慧和创造力。哥伦比亚大学的一项研究发现，那些在参加模拟面试前写下一次获得个人权力体验的商学院研究生申请者被录取的概率更高，他们中有68%的人被录取，而通常录取率只有47%；那些写下一次失去权力体验的申请者发挥大打折扣，只有26%的人被面试官选中。[2]

在另一项研究中，哈佛商学院的研究人员发现积极情绪和创造力之间存在紧密关联，而这两者被证实对谈判非常有帮助，特别是当各谈判方陷入僵局的时候。[3] 正如研究人员特蕾莎·阿马比尔和史蒂文·克雷默在其《激发内驱力》一书中阐释的，这是一种自我强化的效果。[4]《哈佛商业评论》上有关这本书的书评写道："积极的感受增加创造力，创造力反过来又能为团队或组织成员带来积极的感受。创造力在谈判陷入僵局时尤其重要。"[5]

不要说谈判的实质问题，光是谈判的过程就能让我们在准备下次谈判时感到焦虑或无力。我们需要通过回想成功往事获得积极的感受，从而用积极的情绪面对未来，获得创造力和决策力，以在下次谈判中取得成功。

尽可能多地回想成功往事的细节

我们清楚仔细回想成功往事时能获得的好处，现在当你回答这个问题的时候，我给你提一条建议。这很重要，所以请不要跳过这一步！当你思考"我从前是如何成功处理这种事的"这一问题时，我希望你在写下答案前先做一件事，闭上眼睛回忆过往成功的场景——尽可能多地回想细节，同时还可以在脑海里浮现系列电影《洛奇》风格的蒙太奇音乐（或者直接放点儿音乐，把声音开大）。这是什么感受？听起来像什么？尝起来是什么味道？你当时是什么姿势？你在什么位置？穿着什么衣服？想象客户在你推销时频频点头；当你的伴侣说"我懂了"的时候，你瞬间产生的解脱感；当你谈成一笔交易后握手或一笔钱打入你的银行账户时，你的喜悦感。

我还希望你记得成功时刻到来前所有的铺垫。描绘你的准备，包括你的想法、任务和情绪。这些都是信息——记住你成功往事中的所有事都能帮助你重现成功。记住，回忆成功往事更有助于你在下次谈判中表现得更好。你描绘得越多，越能让自己回到那种成功的精神状态并取得接下来的胜利。

轮到你照镜子了

现在轮到你照镜子了。记住,你已经明确自己的需要及目的,你考虑了自己的感受,不管是积极的还是消极的。现在你将回想成功往事,就像你在前面的章节里做的那样,找到一个你可以自由思考和写作的空间,创造氛围思考以下问题:我从前是如何成功处理这种事的?

在接下来的 5 分钟里尽量多地写下你的想法。

常见难处的解决

现在让我们解决你回想成功往事时会遇到的问题。

"我没有类似的成功经历。"

如果你不能回想起类似的成功经历,怎么办?那就像前文中安德鲁做的那样,把这次谈判分解,思考这种情况下包含的步骤,以及要想成功,你可能需要做什么。(此时,动词会特别有用,比如研究、建构、振作。)

我在巴西和一群商学院的研究生一起完成了这项训练,其中一个名叫弗丽达的学生是一名商界女性,她重返学校是为了进一步发展事业。在我上课的第一天,她就信心满满地参与其中。然而当我告诉全班我们将解决本书中的问题从而帮助他们应对接下来的谈判时，她用充满疑虑的目光看着我。她私下找我，问："所以……比方说你正应对职业生涯的变化，这能算作谈判吗？"我回答她："当然算，你正将自己的职业生涯引向自己的目标，这些引导性的谈话就是谈判。"听说这种情况算作谈判后，她看起来并不开心，反而更多的是无奈。

我看着她想出了自己对问题的定义、她的需要和情绪。她看上去仍然很不安，但还是勇敢地写下了答案。然后我们开始讨论这个关于成功往事的问题，这下她当众落泪，掩面而泣。我赶紧走过去和她单独说话。她深吸一口气并用力呼出来："情况是这样的，上一份工作，我是被解雇的。解雇！我的意思是，我知道这是没有用的。坦白说，我厌恶自己当时的工作，这是我申请读研的原因。我觉得自己有时间制订下一步计划，但在我还没完全准备好之前就被解雇了。我需要接受既成事实并想出新的方向，但就这一点我并没有成功的过往。这就是我感觉这么糟糕的全部原因，我之前从未被解雇过！"

我们一起总结了她的答案。她需要：首先，接受这种工作关系已经终止的事实，虽然从她的角度看并不令人满意、并不成功，但在当时是有意义的；其次，为她自己想出一个令人满意的新方向。我问她："你能回想起之前自己成功开启人生新篇章的经历吗？"思考几秒后，她摇了摇头，一声不吭地坐着。接着，她抬起头说："等等！有，个人关系算吗？我有过一段漫长的恋情，但对我们彼此来说，就是走不到一起。这段关系中有一些好的方面，陪伴是美好的，但我知道我们不是命中注定的一对，所以我们分手了。我很伤心，但是几天后我又对未来充满期待。我知道自己已经从上一段感情中解脱，可以迎接那个会永远和自己在一起的人，于是重拾爱好，找兴趣相投的人聊天，期待着相同的兴趣能让我们在长期关系中更加和谐。"

这次简短的谈话对弗丽达帮助很大，仔细回忆走出失恋阴影并开启人生新篇章的成功经历，帮助弗丽达缓解了被解雇造成的痛苦。她能够提醒自己正如之前经历的个人关系一样，工作关系的破裂也是因为双方互不满意。她想起了事实上自己成功开启过人生新篇章，她决定参加一些她感兴趣的行业协会（和她分手后重新找回自己的爱好类似）。她能够意识到自己被研究生院录取并获得学校里可能的人脉资源，是在向自己设计的美好未来迈出重要的一步。那天当她走出门，她比平时站得更直了一点儿。

"我根本想不起任何成功经历。"

我偶尔会听到一些人告诉我，他们根本想不起任何成功经历。有时候，一些人外表看起来无论多么成功，成就多么大，都感觉很难将自己的工作描述得很成功。他们可能会把成功归功于其他人（"这是团队努力"）或者运气（"我只是恰好在对的时间处在对的位置"）。可以说，他们定义成功的标准过高，以至于把几乎所有事情都排除在外（比如"我将自己的专题文章投稿给各大报社，其中一家报社立刻抢了版权，但是把这篇文章大幅删减后以书信的形式刊载"），包括米歇尔·奥巴马和谢丽尔·桑德伯格在内的一些人，描述过自己遭受"冒名顶替综合征"带来的痛苦。这是一种广为人知的心理病症，具体表现为否认自己的成功，等待世界指控你是冒名顶替的骗子。

听起来很熟悉对吗？无论你正在应对的是信心不足还是"冒名顶替综合征"，当你争取在谈判中获得更多自信和能力时，你会感到很难回想起过往成功的经历。意识是第一步，有时候仅仅需要知道这些现象的存在，我们就能在生活中识别它们并化解它们的影响。

我要先强调，过往的成功经历不需要多么惊天动地，比如谈成了一笔让你的公司上市的交易。花些时间思考工作或个人生活顺利的时候、至今仍让你感到自豪的时候，或是当你获得一条积极反馈的时候，可能这些就是你的成功往事。

谈及反馈，我的建议是设法咨询一位朋友或亲密的同事，既可以是在现实中，也可以通过想象。团队中最亲密的同事会怎么讲述你对团队项目的贡献呢？最好的朋友会怎么描述你擅长的事呢？有时候，生活中亲密或尊重的人给予的反馈足以帮助你想起成功往事。我和一位朋友做过这样的训练，他曾有很长一段时间全职在家带孩子，当他想找一份新工作时，发现自己对再次参加工作面试的能力很不自信。他告诉我，他试图回想成功往事，头脑里却是一片空白。"这就是问题。基本上，从我大学毕业之后，我就没在家门外找过一份真正的工作。我现在完全是另一个人了。"我问他："那你居家的工作呢？你最擅长做什么事？或者说什么事能给你带来最大的满足？"他说："我总是能够准时支付所有账单。有段时间是我爱人负责，但是显然我做得更好，所以后来都是我支付账单。在我们的儿子被确诊患有阅读障碍时，我安排了所有的测试，我向他所在的学校反映并确保校方为他提供法律规定的特殊教室，我还为他找了一个我认为很符合他的需要的家教。"换句话说，我这位"不成功"的朋友做事很有条理，能够在规定期限内同时处理好不同的事情。他可以查出法律标准、提出成功的论点并确保政策的实施。听完这些，我的这位好朋友能够回想起自己的成功往事，并将之转化为全职工作谈判时的有力论证。

你的成功往事通常包含了许多有助于你在当前和未来的谈判中表现更好的线索。即使过往的成功经历和现在面对的挑战有所差别，你只需要知道自己曾经通过努力获得成功这一点，就有助于你情绪高昂地去谈判。

总结

回答了这个问题后,你基本上完成了对照心灵之镜的工作。你清楚地回想起自己成功应对类似谈判的往事。如果你没有明显相似的成功往事,那么你可以在脑海里搜索与当前谈判存在一些共同点的成功往事。你可能已经放下一些心理包袱,真正认识到你做过的某些事是成功的或你的个人品质是良好的。在我们结束之前,花一点儿时间通读你在阅读本章节过程中写下的笔记,并总结要点或主题。

接下来,我们将面对一个思考未来的问题,这个问题将帮助你着手设计未来。

> **谈判策略 4**
> 回想自己通过努力取得成功的经历,你就找到了解决新问题的突破口。

问题五　第一步是什么？

从地下室创业到上市

徐梅走进纽约布鲁明戴尔百货公司，花了一点儿时间仔细思考店内的视觉、声音和气味体验。多年前，她是一名顾客，而现在是一位企业家。

1991年，徐梅从中国移民到美国，此前她在中国接受过外交官职业训练，并在世界银行工作过一段时间。由于她接受的外交学教育不仅包括英语课，还有关于文艺复兴时期艺术的课程，加上她读中学时逛服装摊位的经验，她到美国后就对艺术和时尚产生了浓厚的兴趣。但她在这一行没有任何相关经历，还需要工作养活自己，所以只好在一家向中国医院出售医疗器械的美国医疗设备公司就职。这份工作很无聊，但是能赚钱。

碰巧这家公司的办公地点紧挨着纽约布鲁明戴尔百货公司，

她下班后就会去那逛逛，欣赏货架上的商品。她惊讶于女装难以置信的时尚感，但当她走进家居用品区时，看到的东西就很不一样。家居用品区完全缺乏布鲁明戴尔百货其他区域的时尚感——大多数家居用品在徐梅看来都是"老掉牙"的商品，就像"奶奶家的墙纸"。徐梅把自己的目标告诉了美国国家公共电台的主持人盖伊·拉兹，那就是"缩小家居和时尚之间的差距"。[1]

她迈出的第一步是找出一件最能留下个人印记的家居商品。在评估各种不同的商业可能性后，她把目光聚焦在香薰蜡烛上。她做了一些调研，猜测如果香薰蜡烛的造型足够高档美观且香气宜人，人们不光会在节日添置以渲染气氛，平常也会购买。

首先，她需要考虑如何做出第一支蜡烛。

她准备通过反复试验获得经验。于是，她前往新泽西州，向香水供应商请教，掌握了在烛用蜡中添加香薰油的技术。然后她花了几周时间在家中地下室试做蜡烛，用金宝汤的罐头盒做蜡烛模具，尝试往里面添加香味。一天，在实验过程中，她忘记添加能让油蜡混合的化学物质，所以当她将蜡烛从模具中取出的时候，蜡烛石化了或者说老化了。徐梅决定将这一失误转化为她的蜡烛品牌的一部分，终于在1994年创立了千诗碧可蜡烛公司。[2]

她的下一步是通过谈判让香薰蜡烛进驻商店。徐梅告诉我："做事情要一步一个脚印，这很重要。我先向家庭经营的小店出售蜡烛，因为我知道为了与大型连锁商店抗衡，这些店主必须十分了解趋势。我将在此学习、获益，这有助于我在下一步准备充分时将香薰蜡烛卖进大型商店。"

在当地小店获得成功后，徐梅走进布鲁明戴尔百货公司。一开始，她先和商店里接电话的店员建立了关系。每次她打电话或来店里逛的时候，都会询问这些店员的个人情况：从事这项工作前住在哪里，是什么让他们想要从事时尚行业。最终，徐梅的魅力和坚持打动了这些店员，他们把商场采购主管的信息告诉了她。负责产品订购的采购主管一下子就看中了徐梅的蜡烛，当即下了订单，以布鲁明戴尔百货公司的名义出售千诗碧可香薰蜡烛。

拥有了这份改变人生的订单后，下一步对徐梅来说就很清晰了。她需要完成这批订单，而这需要一家能生产特殊蜡烛的专业工厂，包括所需的香薰油。徐梅打电话向远在杭州的姐姐求助，徐梅的姐姐和姐夫当时在杭州一家电脑公司工作。听说徐梅的需要后，他们调动了一切可用的资源，在1995年开办了一家蜡烛制造工厂。这家蜡烛厂至今仍在运营。

在布鲁明戴尔百货公司大获成功后，徐梅明确了公司下一步发展的方向。为了获得更大的市场份额，她需要让产品进驻符合以下条件的商店：不仅要为关注价值的顾客提供更多选择，还必须享有良好的设计声誉。最终她将目光锁定美国大型超市塔吉特，塔吉特在全美拥有 750 家分店，还有两条约 15 米长的专用走廊，走廊两边的货架用来摆置蜡烛。

然而，坚持不懈的精神和建立关系的技巧——帮助徐梅进入布鲁明戴尔百货的法宝，对塔吉特并不奏效。尽管徐梅整整一年都在联系塔吉特的采购主管，但是对方就是不接也不回她的电话。最后，一位有同情心的接待员建议徐梅打电话给这位主管的上级"说情"，徐梅照做了。这回采购主管倒是立刻回了电话，但只是吼了一句"这不是建立关系的方法"，就挂断了。

听到这话，徐梅心里凉了半截儿，但过了一阵子，她又开始打电话，一次又一次地尝试联系。几个月后，她听到对方的电话留言是另一个人的声音。徐梅随后接到一位年轻的新采购主管打来的简短电话，这位采购主管飞抵位于明尼阿波利斯的塔吉特总部和徐梅见了面。会面结束时，他告诉徐梅："梅，我希望在所有 750 家分店里摆放你的蜡烛。"徐梅接到了塔吉特一笔金额超过 100 万美元的订单，预计当年全部订单的总金额超过 300 万美元。

徐梅在家中地下室用金宝汤的罐头盒进行的一系列蜡烛实验，最终成就了她几百万美元市值的千诗碧可蜡烛公司。当年徐梅只身踏上美国的土地，除了丈夫，在当地没有任何熟人，也没有设计或销售相关的经验。在 20 多年的时间里，她创办了一家庞大的公司，后来据说被市值数十亿美元的消费品巨头纽威品牌公司以 7 500 万美元的价格收购。

她做成这件大事，靠的就是一步一个脚印。

第一步是什么？

在上篇即将结束时，我想问你有关未来的问题。我们先是定义自己的问题或目标，并仔细思考解决问题或达成目标的方式，然后尝试了解自己的需要和感受，这帮助我们明确当务之急并做出决策。接着，我们通过回想成功往事以激发动力、迸发灵感。现在，是时候迈出第一步，是时候开始规划未来了。

我经常和那些能明确问题但尚未想到彻底的解决方案的人打交道。关注第一步对成功的谈判而言至关重要，而我们将在本章节剖析这背后的原因。在探明原因后，我们转而研究方法：我将引导你关注自己，利用内在智慧谋划前进的第一步。

迈出前进的第一步

我想说，每一次谈判都包含时间旅行：在设计更美好的未来之前，需要理解过去和现在。此时，我们一起展望未来，这是上篇的尾声。

问你自己"第一步是什么"之所以很重要，是因为第一步不仅激发了前进的动力，还促使下一步得以实现。

一步一个脚印激发动力

关注第一步能激发动力。面对一场谈判或引导自己朝着一个宏伟的目标前进时，尝试从头设计整个解决方案常让人感到不知所措，而非卓有成效。不知所措的感觉甚至会让最有干劲的人过早放弃或鲁莽行事。有时候，我们需要迈出那一步来帮助自己创造一些动力。

我通过一场谈判指导一个团队时，会碰到很多摆在桌面上的问题。我会把所有问题在白板上列一张清单，供所有人查看，接着我会挑出一个问题开头——一个我知道大概率会成功解决的问题。一旦我们把这个问题从白板上画掉，你就会看到满屋子的人都松了一口气，并且感受到人们逐渐兴奋起来。我们取得了进展，这有助于大家保持干劲并着手解决其他问题。

我最近和一位正值事业巅峰期的知名记者交谈，她几乎为所有广播媒体写过头条故事，但多年来她都在为不能完成职业生涯中重要的一步（写一本书）而自责。她告诉我："我认为自己的主要才能是快速整合大量素材，将之内化后用通俗易懂的语言呈现给大众。我习惯在下午3点构思一篇稿件，然后让它在一两个小时后出现在新闻播报中。尤其是去年，我写了一些重大选题的稿件，如果我把其中一篇稿件调整到位，很快可以作为图书选题策划出版。我只是需要在兼顾报道工作的同时，找出撰写图书选题的办法。"

说到这里，她已经准备好展望未来了。我问她："为了让自己做好准备，在重大新闻出现时能够迅速把稿件转化成图书选题策划并出版，有哪一步是你现在利用业余时间马上能做的？"

她想了想，说："对，你知道我可以先写图书内容中不具有时效性的部分，比如我的自传信息和市场分析，这样当我找到那种可以出书的新闻故事时，就可以把它加进去，然后把书稿寄出。这样我就能通过自己最擅长的事——迅速高效地获得一篇新闻故事，帮助自己实现目标。我打算这周就这么干！"两个月之后，她基本完成了图书撰写。有时候，关注第一步不仅能帮我们理顺思路，还能让我们重获力量。

为接下来做准备的一步

从第一步开始是因为很多时候谈判是循序渐进的，如果前面四步没走好，是不能走出第五步的。徐梅曾告诉我，企业家常犯的最大错误之一就是在谈判中没有做到一步一个脚印。她知道自己需要先在小店售卖自制蜡烛，积累所需的相关经验、判断力和销售证明，从而使她的公司发展到下一阶段，并与大型商场的采购主管接洽。

本书也是教你这样做！为了获得最佳的第一步，你需要投入时间思考自己的目的、需要、感受和过往的成功做法。思考这些问题使你准备好迈出第一步，从而有助于你最终解决问题。

一步一个脚印：一些例子

不管你面对的是怎样的谈判，思考第一步都将带来转变。有时候第一步看似很小，实际有重大影响。厄瓜多尔驻联合国代表路易斯·加莱戈斯（Luis Gallegos）告诉我，在重大的外交谈判中，就算不是成百上千人在谈判，哪怕只有几十人参与，人们只要在海量文件中修改一个字就可以左右最终的投票结果。小企业主朱莉希望招揽更大的业务，在赢得一位大客户后，她决定在社交媒体上记录她为这位客户所做的工作，让人们看到她的能力。这一决定使她收获了好几位新的大客户。

当你引导自己实现远大目标时，一步一个脚印尤其有用。

明星教练奥特姆·卡拉布雷西帮助很多人达成了健康或健身相关的目标，让很多人明显减重。她告诉我，在她看来减肥就像（你猜得到）一场谈判，这场谈判对世界上很多人来说都很常见。她最近创建了一个改善营养的项目，旨在促使人们向自我提问，从而更深入地审视心灵之镜并引导自己实现目标。

奥特姆告诉我："我试着让我的客户问他们自己深层次的问题，这能帮助他们获得有关自身问题的真实答案及解决方案。大多数人像是滚轮里的仓鼠，在一次次节食中循环往复。当你这么做的时候，其实你从未停下来，询问自己那些更艰深的问题：我究竟是怎么了？

"一旦我们拥有了这些答案，第一步就是设置短期目标。如果你的长期目标是'我想减重50磅[①]'，那很好，我们需要有计划地达成减肥目标，而不能只是说'我想减重50磅'，然后自由发挥。我见过人们从小目标开始，可能是每周减重1磅，那么我们要问：'好的，那我们在第一周、第二周、第三周和第四周分别要做什么？'这些都是小目标，需要一步一个脚印地实现。以下是我们这么做的几个原因。第一个原因是这些单独的小目标起到了有效的激励作用，在实现目标的过程中，你需要不时地庆祝一下，因为50磅是一个大数目——不可能一夜之间实现，所以我们需要在实现目标的过程中通过一系列小胜利促使自己前进。

"做事情要一步一个脚印的第二个原因是你需要完成每一步才能取得进步。如果你想减重50磅，那么在饮食改善、精力充沛之前，也许你都不能做大量运动。所以第一周你可能会说'我要少喝一些汽水'，第二周多吃些蔬菜，然后当你感觉舒服的时候，第三周就要进行几次健走。你会积小胜为大胜，最终实现目

[①] 1磅约为0.45千克。——编者注

标。我认为只关注第一步真的非常重要，一开始你不需要知道所有步骤，不必了解第六个月你需要做什么。我们就是讨论一下第一周和第二周能做什么，让自己更接近目标。第一周和一个问题有关：第一步是什么？"

轮到你照镜子了

现在轮到你照镜子了。记住，你已经明确了自己的问题和需要，并且考虑了自己的感受，无论是积极的还是消极的。你还仔细回想了成功往事。现在你将展望未来，就像你阅读其他章节时做的那样，找一个你能充分思考、自由写作的舒适环境来考虑这个问题：第一步是什么？

总结上篇：行动计划

在本章节，我们将总结自己对照心灵之镜的工作。你刚写下了在谈判中可以充当未来计划的一个或多个"第一步"。现在我们将尽可能地完善这些计划。我们将一起从问题一中找出你的过去，从问题二中找出你的需要，从问题三中找出你的感受，从问题四中找出你的成功，然后利用以上这些谋划你接下来的行动——整合成为一个行动计划，你会感到自信并充满力量和目标感。

反思你的问题(或目标)

我希望你先回顾一下问题一的总结。你定义的问题或者目标是什么?再次强调,我们在谈判中的所有决定都来自我们想要解决的问题。比如你和乔布斯一样,正在设计一台既有通话功能又能满足人们不同需要的微型计算机,你会研究人们目前携带的所有具备单独功能的设备,琢磨如何使你设计的设备集合这些功能。如果你正在和装修承包商商谈翻修浴室的相关事宜,你会研究最新设计并为自己家挑选合适的一款;如果你是为了出售而翻修浴室,你会思考买家的需要——观察最近邻居售出的几套房子的浴室装潢,确保你的设计不比他们的差。

你还会反思任何造成当前问题的历史因素。如果你是安东尼娅,正和姐姐卡门闹矛盾,或者像安德鲁那样为薪酬谈判搜集资料,那么当你思考下一步最好怎么做的时候,你会想简要地回顾问题的历史,并思考目前为止发生的情况。

回顾你的需要

接下来,我希望你回顾问题二中发现的需要。记住,你不仅要回顾有形需要(可数、可见或可触摸的需要),还要回顾无形需要(主题或价值,例如欣赏和尊重,那些赋予我们人生意义的需要）。它们对你来说是最重要的，你迈出的任何一步都应该反映这些需要。

当你思考无形需要时，请回忆我提出的后续问题，问自己"这些需要看起来是什么样的"，然后探索由此产生的具体想法。记住公平之类的概念对不同的人来说会有大不相同的看法。对第一个人来说，可能是基础工资之外的2万美元；对第二个人来说，可能是为自己的作品在美术馆展区争取一个更好的展位；对第三个人来说，可能是晚饭后和爱人轮流清理厨房。现在就请你回顾自己的无形需要在生活中的具体表现吧。

接着，反思你所有的需要，想一想采取什么行动能够全面而彻底地满足这些需要。记住，谈判中成功实现的愿望总是基于我们自身的需要，所以这些需要既要具体也要乐观。假设你身处一个所有需要都能被满足的世界，请列一张清单，在上面记录所有的第一步具体行动。如果你觉得这样做很难，那么可以假装我会为你的每个想法奖励你20美元。疯狂的、不切实际的想法——没有关系，一些成功的谈判本就来自乍一听不可能实现的初步想法。

请思考如今已为世人熟知的谈判成功案例——1912年泰迪·罗斯福竞选总统的故事。[3] 在竞选活动接近尾声时，罗斯福和他的竞选团队经理计划乘坐火车进行短期宣传访问[4]，在各地会见数百万个潜在支持者。他们印刷了300万份宣传册[5]，其中包含罗斯福的一篇演说词和一张吸引眼球的照片。出发前夕，竞选团队意识到他们犯了严重的错误：他们没有获得这张照片的版权所有者莫菲特工作室（Moffett Studios）的许可。[6] 研究法条之后，他们发现如果继续这么做——在没有版权的情况下分发宣传册，将被处以每张照片1美元的罚款[7]，这是他们不能承受的风险[8]。他们需要尽快想出一个解决方案。

罗斯福的竞选团队经理乔治·珀金斯（George Perkins）想到一个办法[9]，但这听起来并不可能实现。他给莫菲特工作室发送了一封电报[10]：

我们正计划分发数百万份竞选宣传册，将使用贵司拍摄的罗斯福先生的照片作为宣传册封面，这对贵司来说将是极好的公开宣传机会。贵司愿意为此向我们支付多少酬劳？请即刻回复。[11]

莫菲特回复这封电报称，他之前从未做过这样的事，但他愿意向罗斯福竞选团队支付250美元。[12] 罗斯福的竞选团队接受了这份酬劳[13]，成功将潜在的负债转化成一笔收益[14]。他们所需要的一切都来自一个好的想法。

体察你的感受

在思考你的问题和需要后，请回顾问题三中你写下的个人感受。无论感受积极与否，它都属于谈判的一部分，能够帮助我们做出决定。

认清自己的感受可能会帮助你制订更好的解决方案。请回想那个充满魔力的后续问题，它能帮任何人将感受转化为面向未来的想法。如果你正陷入负面情绪，那就问问自己："这种情况下做什么能有助于消除或缓解我的（请在此填入负面情绪）？"请回想医生杰米拉的例子，她正和某位病人就治疗问题进行谈判，发现自己陷入深深的沮丧。这种情况下，杰米拉可能会问自己："什么能够消除或减轻我的沮丧感？"在你问这一后续问题时，已经开始将自己的感受转化为解决问题的具体想法。如果你在问题三还没有这么做，那么现在花点儿时间，看看哪些做法能够帮助你缓解负面情绪。（顺便说一下，你也可以思考哪些做法能够帮助你加强正面情绪。如果你为自己事业上某些方面的进步感到喜悦，可以试着问自己："做什么能保持或增强我的喜悦感？"）

回想成功往事

最后，回到你在问题四写下的有关成功往事的答案，不管这些答案是和你现在碰到的问题相似，还是和另一领域获得的成功有关。当你闭上眼回忆所有事情的细节——你的习惯、行动、心态时，你能否想到是什么促成了谈判成功？如果你有类似的成功经历，现在请再仔细回想一遍，看看当时哪些做法现在可能也奏效。比如当你和伴侣就金钱观上的分歧进行谈判，而这些分歧在你刚结婚那会儿都不是问题时,你可能需要回想当初你俩是如何成功处理这类问题的。这不仅能帮助你更乐观地面对现状,还可能为你提供有效信息。当你在谈判中和其他人交谈时,还可以利用以往的成功经验证明你知道某种方法奏效。

如果你没有类似的成功经历,那就看一看你在问题四中列出的不相关的成功经历。如果你因为第一次面对薪酬谈判而感到焦虑,但意识到自己擅长向客户推销,能够说服对方相信你的产品具有优势,那么你就可以深入挖掘是什么促成了你的成功(和信心),并观察在这次谈判中可以借鉴以往的哪些做法。

如果我冒出很多想法该怎么办?

你刚回顾了你在本书前面的章节完成的所有工作,并产生了一些解决问题的想法。很好!如果你在开始本章节学习的前 5 分钟里写下了一些想法,并仍不断产生更多想法,那么现在请把它们都写下来。

在你阅读本章节时,甚至是读完后,都请尽可能多地写下脑海里冒出的想法。我要求你一步一个脚印不是限制你涌动的想法,而是帮你从急于知道所有答案的焦虑中解脱,因为大多数时候你并不知道所有答案。即使我们现在拥有很多想法,我们也需要和谈判对手一起想出可能的解决方案(见下篇)。有时候,我们眼前的道路漫长，以致看不到终点。我们会感到很难一下子解决所有问题。但是即使你目前不能规划自己的全部未来，你还是可以想象理想的明天是什么样子的。所以我们不必努力看清前方道路上所有的转角，只要专注于下一个就好。

常见难处的解决

有时候，当我问别人"第一步是什么"时，他们感到很难回答。让我们分析一下可能妨碍你回答这一问题的原因。

众口难调

我们在前面的章节里讨论过，人们在思考下一步做法时感到困难的主要原因之一就是他们听从了脑海里其他的声音。换句话说，你的姐姐、直言不讳的同事或你的密友和家人已经参与其中并向你建议——不管你是否征求了他们的意见。他们甚至会超出建议的范畴，直接告诉你在谈判中应该怎么做。

在我教授谈判的过程中，有时候会碰到这种情况：当我让全班学生就一个具体问题（比如二手车的价格谈判）开展分组讨论时，买家组和卖家组会对照上篇中的系列问题讨论各自的答案，我发现一些人在听说了别人优先考虑的事情后，会面露自我怀疑之色。我应该像别人希望的那样推动付款计划吗？我应该要求由自己单独指定的人进行第三方检验吗？突然，他们感到自己的一系列需要不如别人的合理。

如果这发生在课堂上的角色扮演环节——仅仅是一场模拟，那么请设想在现实生活中，当牵涉的利益更大时，我们可能在多大程度上受别人的意见左右？如果你的头脑一片空白，或是在你写下这一问题的答案时感到矛盾，你会怎么办？请思考你是否会听从别人为你设想的第一步。有人和你谈论眼下的谈判吗？要想分辨脑海里的这些声音，就问问自己：你的问题有哪些不同的听众（可能是你的同事、客户、配偶或孩子）？然后问自己：他们认为你的第一步是什么？写下来，再去琢磨它。你写下的哪些对你来说似乎是正确的？哪些没有共鸣？这有助于你分辨别人的想法，明白哪些想法能够为己所用。最终，你的目标是把别人的观点置于一旁，这样你就能了解自己的目标，并规划自己的未来。

"我的思路卡壳了"

如果你至此仍想不出有关这个问题的答案，怎么办？继续往下读。

换个环境。我希望你换个思考问题的环境，在一天中留出足够的时间思考你在何时何地会产生最佳想法。早上、中午还是夜里？工作时、在家里还是长跑的时候？在一家人来人往的咖啡厅，还是在安静的图书馆？哪里最可能让你想出有创意的点子，哪里就是你想要思考这个问题的地方。

问问你自己最糟糕的选项。如果你仍然觉得思路卡壳或停滞，我们来玩个游戏吧，问你自己："我能接受的最糟糕的情况是什么？"有时候，我们会对自己真正想要的东西进行自我评判，或是在找到可行方案前需要试错的自由。允许自己思考最糟糕的情况，通常有助于我们认清怎样做可能会更好。[15]

一位制造主管需要决定是否接受所在部门的一次晋升机会。他出色地履行了各项工作职能，是职场中的成功人士。然而，他无法忍受目前的工作环境，也不能接受换到全新的国际部。因为如果去新部门，他不仅要面对完全陌生的环境，还必须尽快承担整个部门一半的工作量。他计划在一周内和两个部门的负责人坐下谈判。我问他是否想好了第一步做什么，他回答："我不确定。我已经反复思考过这家公司的未来，以及哪个部门能够为我提供最佳的发展路径，并且尽我所能从各个部门获得完整的信息。"所以我继续问："你认为这个时候最糟糕的情况是什么？"他闭上眼，稍停片刻，然后给出一个让他自己都感到吃惊的答案："我不能在这里再多待一年，我对所在部门的发展很不乐观。是时候调动了。"他选择了调到新的国际部。思考"最糟糕"的选项解放了他的思想，让他清楚自己需要做出决定。

这种"最糟糕想法"的方式不仅对个人有效，对涉及团队的谈判同样有效[16]，甚至更有效。事实上，一些公司运用这种方式帮助自身创造创新的商业理念。[17] 3M 公司将之称为"逆向思维"[18]，或是"颠覆问题"。比如，在思考如何让更多消费者订阅他们的业务通讯时，他们可能会问："我们如何让人们取消订阅我们的业务通讯？"如果对这一问题的回答是"加入与消费者的生活不相关的内容"、"过于频繁地给消费者发邮件"或"省去产品促销或折扣这类吸引消费者的信息"……好了，你开始发现解决问题的最初几步大概是什么样子了。如果你在开始阅读本章节时正好有一个需要解决的问题，甚至已经想好下一步的做法，不妨试着思考最糟糕的情况，看看脑海里会浮现哪些想法，结果可能会让你大吃一惊。

总结

祝贺你已经完成本书上篇的练习。通过问自己 5 个问题并仔细倾听自己的回答，你已经在谈判路上领先从前的自己及大多数人。你挖掘出许多帮助你深入了解自己和所碰到问题的信息，以及许多可能解决问题的想法。最后请再看一眼你的答案，总结你最新产生的想法。

现在，请将我们的视线转移到下篇。对一些人来说，对照心灵之镜和自己谈话比坐下来和别人交流更具挑战性，他们可能会想："我真的需要对别人这么做吗？"

这是一个封闭式问题，所以容我重新组织一下语言，请继续问自己："通过提出有关他人的问题，我会有什么收获？"这是一个更优质的问题，为什么？因为你当然不是非要做任何事。对待谈判，你可以采取我所说的鸵鸟策略，即把头埋在沙子里等待问题消失。但是如果你冒险尝试，你将收获很多。当我告诉人们"获取更多"并教他们该怎么做时，这扇能清楚观察他人的交流之窗就能为你带来"更多"，成为这种谈判方法的重要一环。"更多"指的是什么呢？

· 有效解决问题的更多选择；

· 和别人交谈或处理碰到的问题时更多的自信；

· 通过找到成功道路上的重要人物，在实现个人目标的过程中取得更多进展；

· 对他人的更多理解；

· 通过向其他人提出问题，扩大你所能获得的信息范围，为下一次谈判争取更多先机；

· 坦诚（富有同情心）的谈话让你的心态更加平和。

不过不要担心，你不会单独做这件事。就像我在本书上篇中所做的那样，我会指导你完成下篇中的问题。我将向你概述如何提出每个问题并听取答案，以最大化你在对话中的收获。在你提出每个问题时，我会帮你深入了解可能发生的情况，我会给你一些提示，教你如何跟进问题并解决困难，然后我将帮助你利用你在下篇的问题中搜集的信息设计解决方案。

> **谈判策略 5**
> 当你觉得无解时,换个环境,或者找出最糟糕的选项,这将有助于你认清怎样做可能更好。

下篇

看清他人

问对方 5 个问题

别人说话的时候，要全神贯注地听。[1] 大多数人从来不会倾听。[2]

——海明威

无论是研究结果还是自身经历，都证明了真正看清另一个人是多么困难。那蒙在心灵之镜上使我们看不清自己的雾，同样也模糊了本该用来看清他人的交流之窗。

即使在一般情况下，我们也很难摆脱自身经历、主观判断和个人情感的干扰看清他人。听觉、视觉和触觉无法提供准确的感知，而当我们加入谈判或争取达成协议时，看清他人就更具有挑战性了。我们经常听不见（更糟的是，去贬低）在激烈的交谈中另一个人说的话。[3]我们经常提出封闭式问题，这不仅阻碍了交流，还可能诱导对方顺着我们的意思作答，从而未能给出真正想说的答案。

本篇是关于提出正确问题并倾听答案的。为了真正倾听另一个人，我们要听到他们的需要、关切和感受，而不是仅仅准备自己的回复。

有时候人们告诉我，他们无须在谈判中提出任何问题，因为他们"已经获知信息"，或是"这些都已经听过无数遍了"。我不止一次发现这样的情况。即使是和熟人在一起，我们也没有很好地倾听，尤其是在重要的谈话中。[4] 我们会走神，会分心，或者用停滞的思维去理解听到的东西。

有趣的是，我发现自己这些年教的所有学员中，包括外交官、律师、高管和人力资源专家，最佳倾听者是我在家乡新泽西教授冲突解决课上的一群10岁的小姑娘。为什么她们比成年人更懂得倾听？因为当我们被自己的需要和感受蒙蔽时会无视身边的人，但她们不是这样的。本篇将帮助你擦拭交流之窗，从而让你更好地倾听并看清坐在你对面的那个人。只有在你更好地倾听他人时，你才能更好地引导你们的关系。

倾听你的对手

大多数人明白倾听伴侣、同事或者关键谈话对象的重要性，但是在一场激烈的谈判中，也许你会怀疑倾听竞争对手的必要性，认为倾听的技巧可能并不适用于这些情况。

其实不然。即使你真的身处一场只有一位赢家的谈判中，花时间倾听并观察你的对手将大大增加你获胜的概率。在体育运动中也是这样，以打网球为例：观察对手挥拍的角度和移动的步伐，聆听对手击球的声音，你将获知来球是大力压线球还是轻削球，并据此调整姿势迎击来球。

倾听同样适用于金钱谈判。与其迫不及待地主动报价，不如在谈判伊始询问对方的需要、关切和目标，这将是你提出成功方案的最佳机会，并在看似你输我赢的局面中创造价值。凯洛格商学院教授利·汤普森发现93%的谈判者没有询问对手诊断性的问题，包括对手的需要、关切和目标。[5] 在此类情形中，获得对手的答案将显著改善谈判结果。所以，即使你们意见不合，倾听对方也有助于你赢得谈判。

记住，很多时候谈判桌上的对手在交易达成后就是伙伴。比如那位就浴室翻修和你谈判的承包商，一旦你们谈好了工钱，你就要相信他会为你打造令人满意的浴室。如果你代表产品公司与分销商谈判，一旦你们确定了价格和条件，你就需要对方成为热情负责的伙伴，尽可能多地将你的产品卖给家家户户。甚至当我觉得自己的丈夫像对手的时候（反过来也是一样），一天结束了，我们还是睡在同一张床上。

在你考虑谈判策略时，请思考谈判结束后你在多大程度上会和谈判对手共事或一起生活。这个世界总是比你所认为的要小，我们总是和他人有这样或那样的联系。在解决问题的时候，像伙伴一样对待他人会帮你实现目标、获得处事公正的美名，还会让世界变得更美好一点儿。

倾听：基本技能，但很难做到

倾听是一项基本的谈判技能，也许还是最重要的谈判技能。由于倾听是良好谈判的基础，你可能会想只有本科生或谈判的初学者需要倾听。其实不然，请容我解释。

为了自己和身边亲友的身心健康，我会练习瑜伽。我的一位极具智慧的瑜伽教练曾说：一次高阶的瑜伽练习不是说一个人掌握了最困难的肢体平衡，或是达到了芭蕾舞者的灵活性（尽管你可能在社交媒体 Instagram 上看到这些），而是意味着即使最基本的体式都包含了高级的认识。

比如为了完成像"战士二式"这样的基本体式，你需要两脚开立在瑜伽垫上，向任一方向伸直双臂，前膝弯曲，后脚趾尖向前旋转大约 10 度并保持住。这似乎并不难，对资深瑜伽练习者来说只是开始。当你在"战士二式"中弯曲膝盖的时候，你要将膝盖直接置于脚踝正上方，以使膝盖顺着脚的中趾方向移动，同时大腿前侧与地面平行，运用核心力量，保持两肩下沉、手臂水平、胸腔打开……保持呼吸。

所以，就像完成"战士二式"一样，倾听可能是基本技能，但做起来一点儿也不容易。成为一名谈判专家意味着即使面对最基本的技能，也要有深刻的认识。

最好的谈判专家都是那些最会倾听的人。博弈论是有关战略决策的研究，这一研究告诉我们如果不关注他人的经验，真诚沟通，将导致无知或战略思维的缺位。[6] 研究表明具有同理心的倾听者不仅和对方创造了更好的联系[7]，还能最大限度地从一次谈话中获得信息。本书下篇将使你具备这样的能力。从现在起，你将学会在日常谈判中深度倾听。

如何使用交流之窗

在本书上篇中，你学习了更好地理解你自己及自身的处境，你将利用本书下篇更好地理解对方及对方的处境。请再次回忆：谈判是引导关系的谈话，所以除了和你的老板、合同或诉讼的另一方谈话，你将在各种情况下使用下篇中的5个问题，比如和潜在的新客户拟定合同、和你的朋友或者伴侣讨论，或是在你赢得客户之前启动一项新业务。

你可能会想，刚才最后一句话我念对了吗？我能真的在没有客户或不涉及其他人的情况下利用本篇所学的内容吗？答案是肯定的。如果你是一名创业者，你就知道在创立公司时的首要目标是确定并理解你的理想客户或目标市场。早在你开业之前，你就需要引导和未来客户群进行的谈话。试着站在未来客户群的角度回答这些问题是很有效的办法。逐一向你自己或者你的团队抛出这些问题，然后扮演目标客户回答这些问题。在本篇的最后，你会明确很多有关你的目标客户的信息，这会帮助你解决问题。

通过交流之窗观察

在本篇中，你将提出 5 个关于对方的重要的开放式问题并记录答案，这些问题将改变游戏规则，但是千万不要害怕——我不会让你毫无准备的。以下 5 个提示将帮助你利用本篇所学在谈判中获得最多。

提示一："让飞机着陆"。人们在问开放式问题时偶尔会感到紧张，因为他们觉得这类问题和我们通常提出的问题类型不太一样，事实的确如此。也许你在提出自己并不知道答案的问题时会感到紧张，或者你可能害怕最后等待你的是沉默。

鼓起勇气，"让飞机着陆"。我的意思是你提出开放式问题……就是这样。

所以，通常情况下人们会提出一个很棒的问题，然后口头上做出类似于让飞机在机场上空盘旋的事情，就像"告诉我你的孩子们的情况……我有两个孩子，你的孩子们多大了"，你刚把一个开放式问题（告诉我你的孩子们的情况）变成一个最多让你获得一两句答案的封闭式问题（他们多大了）。不要通过添加多余的话语破坏一个开放式问题，比如："那么，莎拉，你觉得我们开出的条件怎么样？你质疑为什么我们给的底薪比竞争对手低，但是我认为你将看到我们的薪酬结构包含了很大的增长空间，还有我们的企业文化……你看过我们的职业发展项目吗？"如果你是莎拉，你还会记得最开始那个开放式问题吗？很难说。在本书中，我希望教会你果断引导。当你提出交流之窗中的问题时，不要再增加多余的表达，摆出每个问题，然后等待回答——"让飞机着陆"。

提示二：享受沉默。沉默会让人感到不舒服，因此提出一个开放式问题，结果只换回几秒的沉默，是一件可怕的事。于是许多人跳回原点，用封闭式问题填补沉默，或者更糟糕的是用评价代替询问。提出你即将在本篇中读到的问题需要勇气。你将提出开放式的大问题，无论你们是面对面还是通过电话交流，请给对方思考答案的时间。对听者而言，沉默可以成为一种礼物。

我在谈判工作坊让学生进行过一项训练，要求学生两两配对，一个人说满3分钟，而另一个在倾听过程中保持沉默。许多人不能连续3分钟保持沉默。通常，他们甚至都不知道他们开口讲话只是出于习惯这么做而已！一位高管意识到他都无法保持仅仅180秒的沉默后，尴尬地用双手捂住嘴，说："我知道我会打断别人说话，但我从未认识到这是多么糟糕的行为，现在不能这样了。"在三日工作坊剩下的时间里，我看到别人和他交谈时，他沉默地坐着。最后，他感谢我，说那项训练结束后的几个小时里，他已经认识到沉默能够在很大程度上对自己的工作和生活有所帮助。

为什么保持沉默对我们而言这么难，即使是几分钟甚至几秒的沉默？通常我们相信自己需要通过说话和他人建立联系，其实有时候保持沉默更好。幼儿游戏专家利齐·阿萨教家长们认识到鼓励幼儿开口说话时沉默的价值："如果家长在孩子玩耍的时候走进来，说了些类似于'噢，这真漂亮'的话，那么家长和孩子之间并未建立联系，实际上家长是在评判。孩子觉得受到了评判，就闭口不言。相反，我喜欢沉默地坐着观察。我越是沉默思索，孩子就越可能开口说话，最终孩子的嘴里会零星地蹦出话来。沉默能让孩子获得被倾听的感受。"沉默不仅对儿童奏效，对成人也一样。沉默体现了尊重，意味着留出空间让人们反思自身及自身的处境，这比提出任何问题都能更有效地鼓励人们开口说话。

有时候，我们说话是为了证明自己的能力或技能，特别是当我们感到自己受到评判的时候。一位高管告诉我："很久以前，当我新任初级经理一职时，我每周召集团队开会。每当我的上级列席会议的时候，我就觉得需要展现自我价值，于是滔滔不绝地讲话。后来，我感到不自在，我知道让直接下属主持大多数的讨论，效果会更好。此后几年，我慢慢习惯了更多地保持沉默。通过管理，最终我认识到自己最大的优势就是给人们留出空间做贡献。"

最后，我们说话是为了掌控谈话并保证谈话安全。我们接受的教育可能要求我们总是获知谈判的走向。换句话说，谈判中的信心和成功完全源于准备好的答案。但是反过来也是成立的：在谈判中保持开放、倾听他人需要更多的信心和技能，这也是需要准备的。当你花时间明确最重要的事并倾听他人时，你就能评估对方所说的反对意见，从而找到更好的解决方案。

提示三：后续跟进。等对方把话说完后，你可能会有一阵思绪，从如何回应到需要马上知道的具体细节。等等，稳住。你想要撒一张大网。在接下来的章节里，我将告诉你一些简单的开放式问题，供你后续使用，获知更多信息。这些是用来进一步解释的问题，有助于对方加深对他们自己的想法、感受和行为的理解，而不是用抛出的问题将对方引向特定的回答。

提示四：总结并询问反馈。你已经提出一个开放式问题，耐心倾听了答案，并用另一个开放式问题跟进。现在是你真正想对事情发表意见的时候了，你一定有很多要说的。在这么做之前，请总结你的谈判伙伴刚刚告诉你的话，把你认为他们表达的意思复述给他们听，并在最后询问他们对此的反馈。

请不要跳过这个步骤！首先，总结是你能在谈判中使用的最有力的工具之一，能让对方打心眼里认为你听取并消化了他们的意见。其次，总结有助于双方从谈话中获得更多。复述对方的话不仅可能让对方获得他们从未意识到的信息，还加深了你对对方实际说过的话的记忆。研究表明，当你倾听是为了理解对方所说的话，而不是为了回应时，你会用不同的方式去倾听、更好地倾听。[8]

我们经常认为自己明白别人所说的意思，因为我们理解他们所说的话，但往往并不是这样。对我来说，第一次去俄克拉何马州的经历让我非常清晰地认识到这一点。8年前，我和同事肖恩一起到当地工作，在经历了一趟航班延误的长途飞行后，我们找到了一家汽车租赁公司，前台一位友善的年轻人问我是做什么工作的，我回答道："我是一名法学教授。"于是他问了我一个包含四个单词的问题："你教什么？"（What do you teach?）

我当时很累，也习惯了当自我介绍是法学教授时别人对我眨着眼，一副不信任的样子，毕竟我是一位女性，看起来很年轻，正处于职业生涯的早期，所以我把他的话误听成："什么，你是教授？"（What, do you teach?）但凡在纽约生活的人都知道这句话是什么意思："你真的是教授吗？"所以，本来面对的是个完全没有恶意的问题，我却朝着对方怒吼："怎么啦！我就是一名法学教授！"那个年轻的前台工作人员张着嘴，一副吃惊的样子。这时候，我身后的肖恩说出了一个让我更加尴尬的回答："她是教人如何和平相处的！"总结别人所说的话能非常有效地检验你是否真的理解对方想要表达的意思（这么做还能避免类似于我在俄克拉何马州经历的尴尬）。

在你总结完毕后，你会希望获得对方的反馈。我喜欢坚持问开放式问题，所以与其在结束总结后问"我理解得对吗"，不如问"我遗漏了什么吗"。通过这种问法，我在邀请对方告诉我他们更多的想法。通常，当我问这个问题时，人们会补充原本要说但没说出来的话。反馈是重要的，它不仅能够确保你理解对方，还扩充了你的信息库，有助于你更精准地引导关系。

提示五：注意没说出来的话。 在别人说话的时候，注意理解对方的肢体动作传达的意思，还要留意他们没说出来的话。你要关注肢体语言、说话时的音调，以及省略的一些话。超过50%的沟通是非口头的[9]，然而我们很多人并不会有意训练自己关注他人的"话外之音"。

凯特是我最好的学生之一，她是韩国人，曾告诉我韩语里有一个概念叫"nunchi"，字面意思是"目读"，是一门"解读"人们言行、面部表情和肢体语言的学问，目的是尽可能全面地了解人们的本意和动机。崔时英（Michael Suk-Young Chwe）是写有关博弈论的作家，她是这样解释 nunchi 的：

即使你熟悉一个人，想要理解她的偏好也不会总那么容易。[10] 比如，当你的母亲在电话里说如果放假你不回家，她也不会感到失望，这需要费好大的劲儿——倾听她的语气并解读她说的其他一些话，来理解她的真实感受，即使这样做都不能达到完全理解的程度。一个拥有良好 nunchi 能力的人能够在另一个人并不明示的情况下理解对方的喜好，迅速评估眼前的社交情况，并利用这项技能取得进展。[11]

在寻找肢体语言线索的过程中，不要想当然地认为某种表情或姿势总是只有一种含义。比如，交叉双臂并不总是意味着戒心和防范，可能只是因为感觉冷。所以，试着观察某人言行的默认值或基准线——他们自然状态下的姿势、语气或表情。[12] 然后，当你说话的时候，观察对方言行在基准线之上的改变。如果大多数情况下某人都会自然地交叉双臂，那么当你说了一些话让对方改变姿势并前倾时，就说明你说的话有效。有时候，我能从人们伸手去拿桌面上的曲奇饼这一动作感觉到他们对谈判报价有反应：他们可能会改变表情，从皱眉到微笑，或是反过来。这些线索都为我们提供了超越话语的信息。

总结

这是我们关于交流之窗介绍的尾声。在接下来的章节里，你将学习 5 个有力的问题。这些问题有助于你从新的视角理解谈判中可能遇到的任何人、任何事。掌握了其中的策略后，你就做好了充分利用它们的准备。

问题六　告诉我……

本·麦克亚当斯是后期圣徒教会(后期圣徒教会又被称作摩门教会)的终身会员[1],还是美国首位犹他州联邦众议员[2],他还有一个对摩门教教徒来说不同寻常的身份——民主党人[3]。

麦克亚当斯成年后的大部分时间都在家乡犹他州从政。[4] 2008年的一天,他驱车参加一场会议,这场会议将改变他和犹他州许多人的生活,而这一切都始于一个重要的问题。[5]

2008年1月,在摩门教会的帮助下,加利福尼亚州第8号提案通过,该提案禁止了同性婚姻。[6] 接着犹他州盐湖城市长拉尔夫·贝克尔(Ralph Becker)提议设立"家庭伴侣登记处",让同性情侣以伴侣的形式登记,旨在鼓励雇主为他们提供健康保险和其他伴侣福利。[7] 贝克尔市长和麦克亚当斯希望这个登记处不仅使犹他州的同性情侣受益,还能通过吸引更多企业入驻盐湖城惠及整个犹他州。他们知道有许多美国本土企业希望自己的雇员无论在哪个州都能获得福利。

但正如他们所预料的那样，这一提议让市长办公室遭受强烈的反对，包括来自麦克亚当斯本人所在的摩门教。[8] 时任参议员克里斯·巴塔斯（Chris Buttars）和州立法会的其他官员使出不同手段抵制这一条例，包括通过立法使盐湖城的登记处无效，并禁止市政当局通过类似条例。[9] 在当时的犹他州，很多人把这一局势看作教会和同性婚姻支持者之间的战争。

市长办公室的一些人对登记处的未来感到绝望，但是麦克亚当斯相信一定有办法解决这些问题。在巴塔斯介绍这项立法之后，当时还在市长办公室工作的麦克亚当斯打电话给巴塔斯，约好在巴塔斯家碰面开个会。[10] 那天，麦克亚当斯在驱车前往巴塔斯家的路上，头脑里就已经谋划了一个策略。他没有提要求或是威胁，相反，他决定倾听。他和巴塔斯在客厅坐下后只是简单说了一句："告诉我你的想法。"

两人的碰面长达三个小时，其间麦克亚当斯把绝大多数时间花在倾听巴塔斯的顾虑上。后来他在接受《犹他州新闻》采访时说："我经常发现自己在倾听他人的时候，能够找出和对方的共同点。"[11] 在这次碰面中，他了解到一些至关重要的信息：巴塔斯的主要顾虑是登记处会给同性伴侣一些异性夫妻并不拥有的权利。麦克亚当斯问了另外一个问题：如果我们让登记处提供一视同仁的服务，即任何人（无论是同性伴侣还是异性夫妻）都能够通过登记获得这些福利呢?

这次会面触发了一系列后续谈判,最终促成了"盐湖城相互承诺登记处"的成立。[12] 它和"家庭伴侣登记处"相比,虽然名字不同,实质却是一样的。有了巴塔斯的支持,修订后的条例于2008年4月经盐湖城议会一致通过。[13]

本·麦克亚当斯的妻子朱莉是一名受过训练的调解员,后来她告诉媒体:"巴塔斯担心的是一些他认为未出现在议案上的事情。本有权通过草拟议案来解决巴塔斯的具体顾虑,但这并不能否定本之前所做的努力。要是本不找巴塔斯坐下谈,并花时间倾听巴塔斯、理解他的忧虑,他们根本走不了那么远。"[14]

尽可能地撒大网

本·麦克亚当斯发现,具有魔力的简单的开放式问题能逆转一场深刻影响犹他州许多人的谈判。我们每天问关于别人的问题,在谈判中更是如此。但是我们问的是正确的问题吗?在上篇中,你已经知道保有好奇心并提出开放式问题有助于我们获得更多未曾想到的信息。现在我们将学习如何从别人那里获得更多信息。

关于第一个问题,起点要宽,就像撒了一张最大的网。在本章节,我们将探索"告诉我"的力量。这其实是个问题,引导对方和你分享:(1)他们对你的目标或问题的看法;(2)任何有关目标或问题的重要细节；(3)他们的感受和顾虑；(4)他们想要补充的其他事情。谈判就好比你在水中撒了一张巨网，看能捕获多少宝贝，而这个问题就是你应该利用的那张最重要的网，对任何谈判而言都是，不分谈判对象和场合。

"告诉我"：终极开放式问题

正如我们在本书序言中探索的那样，"告诉我"是你能用在任何话题中的最开放的问题。它促使人们分享一切愿意分享的事，无论是有关他们自身还是某个特定话题。没有任何问题能像"告诉我"那样带来信任、创造力、理解和令人赞叹的解决方案。像"告诉我……"这样的开放式问题被称作"创新的源泉"[15]，因为开放式问题产生的信息能够为个人和机构带来转变。

与其用一根钓线在水中钓鱼，只盯住一条鱼，还不如让自己有机会发现丰富的信息，并和谈判对手建立一种良性关系。

"告诉我"让你了解别人对问题的定义

"告诉我"作为开启谈判的手段，能让你听见别人对问题或目标的看法，从而有助于你尽可能多地获得信息。获得这些看法需要悉心努力，不过其产生的价值也是巨大的。

转变看法非常困难，从别人的角度看事情感觉就像戴上一副新眼镜：从一开始就需要努力和专注，在你的眼睛适应前还可能感觉不舒服。但是获得那样的看法很重要，它帮助我们从一个非黑即白（经常是片面的）的视角切换到谈判专家所说的"学习型谈话"[16]，我们在其中能够加深自己对问题的理解，而不是继续感到困扰。这可以让我们获得能够公开的最佳信息，让我们检查自己对局势所做的贡献（如果我们愿意，还能改变），并有能力设计可行的解决方案。

米拉·杰西是新泽西州议会的民选议员、副议长[17]，过去10年里，她关注教育政策。2019年，她赢得了一个重要的立法斗争，事关一个造成社会分歧的问题——学区主管的薪酬设计。[18]她通过花时间了解别人对这一问题的看法，成功解决了它。

2011年，新泽西州州长为学区主管（即每个学区的行政主管）制定了工资上限[19]，并表示此举将节省州政府的经费开支。由于之前在学校董事会工作过，米拉能预想此举的后果：经验丰富的学区主管会马上离开新泽西州，到宾夕法尼亚州或其他州去，这些州提供的薪资更高，所在的学区也更不容易辞退他们。频繁的人员流动将导致学校预算失效，使得大多数预期的成本节省难以实现。最严重的是，学校的办学表现将受到负面影响。

米拉清楚地看到了这些问题，但她也知道有些人支持设置工资上限，所以她在新泽西州开启了一场倾听之旅，向家庭、校董和官员征求他们对这一举措的看法。在偏远的乡镇，她了解到每年175 000美元这一上限金额对当地大多数家庭来说都是天文数字，他们想知道是否真的有必要用高薪吸引人才。而在相对富有的学区，人们缴纳高额的财产税，学区主管额外的工资让他们感觉是一种负担。在真诚倾听不同观点之后，米拉赢得了他们的信任，并有效回应了他们的观点。米拉承认学区主管的薪酬可观，同时也让人们关注到提高工资上限可以从多方面使学校受益，无论是降低人员流动率还是改善办学表现。她还帮助这些家庭考虑其他有助于减轻家庭税收负担的举措。

慢慢地，舆论开始转向。米拉准备提出一项取消工资上限的议案，但她需要议长将这一提案付诸表决——议长却并不买账，所以米拉决定再进行一次学习型谈话。米拉告诉我："通常，州政府有一条不成文的规定：职工只与职工交谈，成员只与成员交谈，领导层只与领导层交谈。但我能感觉到说服谁可能是最有效果的，所以我去找一位据我所知议长最信任的职工，并和他开诚布公地进行了长谈。他们担心自己在财政上显得不负责任。获知这一顾虑后，我想出了最好的论点：我把注意力集中在设置学区主管工资上限所造成的预期节省成本无法实现这一事实上。"米拉等了几个月，终于在一天早上，她接到电话：该法案即将付诸表决。结果包括那些原本支持制定学区主管工资上限的学区在内的所有人都没有公开反对，该法案以巨大的票数优势获得通过。多年来，米拉主动了解他人对问题看法的努力，终于在一次重大的政策变化中获得了回报。

有时候问题不是你想的那样

"告诉我"的美妙之处是有时候它会转变你对某种情况的看法。对此我有亲身体验,因为我观察过另一位律师最近调解一桩涉嫌雇佣歧视的案件。在这桩案件里,投诉方声称他因遭受种族歧视而被美国政府机构解雇。在我接手这桩案件之前的几个月里,涉案双方接受过电话调解,其间激烈的言辞导致经济补偿的提议断然遭拒,同时电话里还可以听到不愉快的、情绪化的抱怨。接着,原来的调解员离开这个州,便把这桩案件转交给我。在和这位调解员交谈并听完案件的来龙去脉后,我决定换个思路,安排涉案双方在哥伦比亚调解办公室这个中立场合见面。

一位学过调解的机构代理律师搭机来到哥伦比亚和投诉方会面,他在完成介绍性陈述后并没有询问投诉方为什么拒绝机构上次提出的经济补偿提议,而是转向投诉方,问道:"告诉我这桩案件对你来说意味着什么。"这明显是投诉方始料未及的问题。接下来我们听到了令大家都感到吃惊的答案,面对这个开放式问题,投诉方想了想说:"我想自己真正想要的是回去工作,即使这意味着更少的经济补偿。我想养家糊口,还想赢回我的尊严。"最后我们讨论了一个完全不同的和解协议,这个协议更符合双方利益。两个男人在调解结束后握手,感谢彼此创造了这场富有成效的讨论。

用"告诉我"开始你的谈判意味着你站在别人的立场让自己

从交谈中学习，这还不是你提出这个问题所能获得的全部。

"告诉我"帮你建立了和对方的关系

特里·格罗斯（Terry Gross）是美国国家公共电台的知名访谈节目主持人，她说过"告诉我你的情况"是采访或谈话中唯一需要掌握的暖场话术。[20] 在《纽约时报》的一篇关于格罗斯的报道中，她详细描述道："以'告诉我你的情况'作为开场白的妙处是，它让你在开启对话时无须担心自己不经意间让别人感到不舒服或不自然。抛出一个宽泛的问题有助于人们向你展示他们是谁。"[21]

当对方感觉到你在真正努力理解他们及他们的观点，而不仅是推进你的个人计划时，他们会和你分享更多并更愿意接受你的意见。"告诉我"不仅能让你看清对方的本来面目，还在无形之中把你和对方放在同一水平，邀请对方与你建立一种对话伙伴关系，以增强互信和开放。

"告诉我"还可以传递信心，帮助你与谈判伙伴建立融洽的关系。最好的谈判者都很乐意倾听并保持开放的态度，而不是固守自己想要表达的观点。我在哥伦比亚大学的一名学生获得了她申请的每家公司的工作机会。虽然她很聪明，但她并没有获得学业荣誉，而这是在顶尖律所面试成功的常见条件之一。我问她是怎样取得如此成功的，她告诉我自己使用了"告诉我"这一表达，问面试官本人和他们在组织中发展的路径。她说："我想要倾听他们的渴望，至少是和他们的渴望一样的内容。当他们告诉我自身和公司情况后，我会做总结，从中挑出我们对这家公司都感兴趣的或我能摆在桌面上谈的主题。不少面试官事后告诉我：我的面试是他们所经历的最好的面试之一，因为我充满自信，在谈话中把面试官当成了伙伴。我展现了一种能够当场听懂、真正理解并掌控谈话的能力，这让他们认为我同样能够成功应对客户。"

将"告诉我"作为每次谈判的第一个问题

除了你不熟悉对方的正式商业谈判，几乎在每种谈判中，"告诉我"都能作为第一个问题。

杰米是一名成功的家庭摄影师，拥有社会工作的背景。她准备给一个素未谋面的家庭拍全家福系列，她提出的第一个问题是"告诉我你家的情况"。她告诉我："你会很惊讶自己这么问的时候了解到了什么。有时候一位家长对拍照摆姿势感到紧张，可能会希望得到一些指导；有时候孩子的神经发育问题让他们很难看着镜头。当我用这个问题做开场白时，我获得了尽可能多的信息，这有助于我了解这家人并知道他们希望从全家福中获得什么。"

同样，埃米是一位经验丰富的理疗师，她用"告诉我"来赢得病人的信任并确定治疗目标。她解释道："许多人害怕物理治疗，他们要么担心自己会受伤，要么被手术或受伤后的康复训练吓到。所以在和一位新客户开始谈话时，我可能会说'告诉我你的日常生活'或'告诉我你的情况'。如果他们回答自己喜欢阅读或爱去图书馆，但是行动不便，好，我们就可以朝这个方向努力。最重要的是赢得他们的信任，因为这样我们就能合作。我知道他们会更愿意在感到疼痛或感觉一周理疗做得过多的时候告诉我。知道他们的喜好和动机对我来说很重要，因为如果我们把工作和他们的爱好结合起来，一切就会变得容易很多。"

对亲密的人使用"告诉我"

问我们最亲密的人"告诉我"这一问题也需要反复训练。即使是像我这样训练有素的调解员，都会在某天感到羞愧，因为我每天回家问我丈夫："你今天过得怎么样？"有时候我得到的回答是"挺好"，其他时候他只是耸耸肩，然后继续整理一天的邮件。为什么？因为我问的是一个完全封闭（更别说生硬）的问题！有一天我终于决定在家里实践我在课堂上强调的表达方式，我下班回家说："告诉我你今天经历的所有情况。"我惊讶于我的丈夫变得非常健谈，他告诉我自己正在推进一项困难的工作，感觉压力很大；上班搭乘的火车晚点了，但是他碰到了我们读法学院时的一位同学，于是正好有机会和老同学叙旧；他晨练时的状态不错，感觉自己变得强壮了……这些天里"告诉我……"是我问他的首要问题，几乎不分场合。

我对自己8岁的女儿也使用了这一表达方式，我还记得她回答这一问题时令我吃惊的场景。我带她去附近的泳池游泳，在一天漫长的游泳训练结束后，晚上她从更衣室出来的时候眼里满含泪花。我问她哪里不舒服，她说："妈妈，这个泳池浴室的淋浴器是公用的，在我洗澡的时候，另一个女孩进来了，太尴尬了！"我愣了一下，心想：是不是女儿觉得身体暴露了很尴尬？她是不是想要更多的个人隐私？但我和她待了一会儿，只是简单地问："你能告诉我是什么造成尴尬的吗？"她气恼地说："妈妈，这难道不明显吗？"我说："我不确定，告诉我是什么让你觉得尴尬吧。"她转着眼珠回答道："我希望洗澡的水温和她不一样啊！"

"告诉我"让我们听见伴侣或孩子真实的想法，而不是我们认为正确的答案。听到诚恳的问题时，人们往往也会变得真诚，容易说出真实的答案。

轮到你了：如何提出这种问题

现在我们知道自己为什么提出这个问题——了解更多并建立更好的关系，我们将共同探讨如何提出这个问题。

你将通过提问让对方告诉你他们对你所讨论情况的看法，具体提问方式取决于谈判的类型。以下是一些根据实际情况运用"告诉我"这一问题的案例。

当你发起谈判时

如果你发起了谈判,你会希望先建构问题产生的背景,然后征求对方的看法。在你提出问题之前,你将尽可能简短地解释自己主动要求这次会谈的原因,并让对方知道你希望就哪个问题听到他们的看法。

比如,布里塔妮主动要求所在创业公司的总裁就她的薪酬问题与她面谈。她在这家公司担任地区销售副总已经一年了,其间她大幅超额完成每项销售指标,谈成好几笔重大交易,帮助公司奠定了筹措更多资金的基础。公司即将召开下一轮投资者会议,布里塔妮对管理层表示希望讨论一下自己的业绩及获得公司更多股权的可能性。以下可能是她从交流之窗中学到的开场白:"非常感谢您今天抽空与我会面。我想您可能也知道,我之所以主动要求此次会面,是因为我想要讨论我在公司里取得的进步及接下来的薪酬问题。去年我签约的时候,我们的合同中规定了我在公司工作满一年、取得一些业绩后,公司将重新审查合同中的条款。我对自己的发展很满意,渴望在这里稳定下来。不过在我们具体谈论未来之前,可否请您告诉我,从您的角度来看,过去这一年的情况如何?"布里塔妮用这种方式建构了问题产生的背景,在为她的成功做好铺垫的同时,也给总裁留出了发表意见的余地,从而让全局更加清晰完善。

当对方发起谈判时

对于那些你不确定主题的会面，不管是和上司、客户还是家人，你的开场白可以是："你今天想要和我碰面，能告诉我你在想什么吗？"或者可以说："告诉我你对今天会面的期望。"

当双方都同意讨论某个特定话题时

如果在双方知晓谈话主题的情况下你和对方坐下谈话，比如你的工作表现或家庭分歧，你会希望就这个主题问一个尽可能宽泛的"告诉我"问题："告诉我你对最近发生的事情的看法。""告诉我你想要获得的职位。""告诉我你对这种处理方式的想法。"当你不确定的时候，简单问一句"告诉我你的看法"不失为一个开启谈话的好办法。

"让飞机着陆"

还记得本篇介绍部分的这个提示吗？这就是你实践的起点。"让飞机着陆"意味着你提出"告诉我"这个问题，然后等待。"让飞机着陆"对这个问题来说至关重要，这是你在交流之窗阶段提出的第一个问题，也是一个非常宽泛的问题。

问完这个问题后不要再补充另外的问题。我见过无数人会说这样的话："告诉我你来这里的目的……你报价了吗？"你问了一个很棒的开放式问题,结果以完全封闭的另一个问题收场。换言之,本来你可以开放地了解对方的整体情况,而现在你告诉他们你只是来谈钱的。你需要的是提出问题,然后闭上嘴。

享受沉默

我们经常害怕沉默,担心自己没有准备好迎接沉默的另一面,害怕对方会因为谈话的中断而感到压力或负担。但是"告诉我"是一个重要的大问题,需要对方花时间思考答案。请给他们思考的时间。如果你感到紧张,试着在你保持眼神交流和积极表情的同时在心里数数。挑战一下自己,看看你在打破沉默之前能够数到几。如果你在打电话,那么你可以花时间伸个懒腰或盯着窗外发发呆。

你知道通常情况下谁需要花最长的时间回答这个问题吗?孩子。第一次,我问女儿:"告诉我你今天都遇到了什么事。"我等她回答。我说"等"的意思是等了好几分钟,她自顾自地在笔记本上涂鸦,在厨房乱走,然后开始玩在夏令营做的泥巴。有那么一会儿,我心想:好吧,这招失败了!但我仍然保持沉默。

接着,她慢慢开口说了一些信息:她有一位代课老师,这位代课老师经常要求学生保持安静;有人碰到麻烦了;她中午吃了比萨;她问我可以一起做一个艺术项目吗……就这样,我们结束了沉默，一起去参加比赛。沉默发挥了作用。

后续跟进

如果我最喜欢的问题是"告诉我"，你能猜到我第二喜欢的问题吗？

"告诉我更多……"

没错。比如你问某人"告诉我"，然后在回答中听到大量信息。在你征求某人关于某个情况或主题的看法后，你会想要跟进回答中某个重要的主题或者见解，获得更多信息。所以当你听完对方的回答后，你会试图通过总结对方的话来跟进，就某些方面提出"告诉我更多"的问题。

比如，在一次要求换岗的谈话中，你可能会说："所以您寻求的是更多客户的联系方式，以及您在以前的职位上拥有的更大自主权。您能告诉我更多有关您以前职位的信息吗？"用"告诉我更多"的句式来提问，你不仅能让对方继续说话，还能获得更多细节信息，而不必用"是"或"不是"的问题来结束谈话。

设想你前往自己最喜欢的一片水域捕鱼，你撒下一张大网，捞上来 20 条鱼，还有一些水草和杂物。你会花时间将自己的捕捞成果分类，把鱼和其他要扔掉的杂物分开。现在我希望你看看这 20 条鱼，每条都是有价值的。当你问这个问题并听到一些有价值的信息时，我希望你把每个主题当作捞进网中的"鱼"看待。要跟进每个你希望了解更多信息的主题，让对方告诉你更多有关这个主题的情况。

比如你问我上次去印度旅行的情况，我回答说："棒极了！我们举行了一次和平峰会，召集了来自不同国家的大使、印度政府领袖，以及一些私营公司的总裁一起谈论和平建设中公私合作的议题。我的学生在研究方面极为出色，还协助了教学工作。我们住在一家美丽的宾馆，宾馆里有各式漂亮的花园，我争取每天都能在花园里待上几分钟。我每天给家里打电话，但是有时候女儿太累了，不想说话，这让我不好受，因为我很想她，特别是在旅行的最后几天。最后，我们花了几天时间去泰姬陵游玩。我希望以后每年都能举办这一峰会。"

好了，你刚刚在我的回答里听到了许多信息，以下是我提及的一些事：

- 今年的和平峰会；
- 我的学生；
- 宾馆和花园；
- 我因为思念女儿而不好受；
- 泰姬陵；
- 我对峰会未来的期待。

假设出于这次对话的目的，你有兴趣多谈谈我旅行中的工作，你就会接过这些话题说："告诉我更多有关今年峰会的情况"或是"告诉我更多关于你的学生在旅行中的表现"。如果你对我旅行中一些工作之外的情况感兴趣，你可能会让我告诉你更多有关泰姬陵的情况。

"告诉我更多"的目的是尽可能长时间地保持谈话的开放性。有时候，人们很擅长在一开始问一个开放式问题，然后在第二轮草率地接上一个封闭式问题。比如，你可能会问我在印度旅行的情况，然后接上一句："这个峰会持续了多少天？"这真是一个非常封闭的问题，它并不能像"告诉我更多有关峰会的情况"那样给予你很多信息。

如果你保持谈话并就你发现的信息提出"告诉我更多"这样的问题，你将最大限度地利用这个问题，并为你接下来的谈判奠定成功的基础。

总结并询问反馈

接下来，你将总结对方说过的话，确保自己给对方发表意见的机会。你可能认为自己仅仅向对方证明了你坐着听完了他所说的话。你也可能感到自信，因为你听见了他们所说的全部。但是如果你希望确保听到所有需要的信息，并证明自己一直在听，那么请在对方回答完毕后总结他们所说的话。这意味着你将在一开始的"告诉我"和后续的"告诉我更多"的问题之后,总结对方的答案。

各行各业杰出的领袖都知道总结的价值。还记得前文中的律所高级合伙人斯蒂芬和初级合伙人克雷格吗?克雷格因未经过诉讼合伙人签章、自行提出诉讼而违反了律所的条例,斯蒂芬找克雷格谈的时候,问克雷格对这个情况的看法,然后根据他所听到的做出总结:"克雷格,我想我理解你今天说的话。事实上,一是你非常忙,二是这位客户很重要,三是你也很熟悉涉及的法律。你参与过几十起这样的案件,学习了所有适用的法律;你对事实了如指掌,已经起草了一份经过充分研究并反复审阅的诉状。你并不想隐瞒任何事,你只是知道自己要做好这件事。你感觉这份诉状写得不错,如果客户将诉状经过必要的诉讼合伙人审阅的话,则需要更多的费用。鉴于以上所有考虑,你不想让自己的客户向我或其他诉讼合伙人支付每小时 900 美元的律师费。"

做总结时,你要确保自己从谈话中学到所能学习的一切。斯蒂芬告诉我在总结克雷格观点的过程中,他以一种新的方式理解了克雷格对这个情况的看法。此外,斯蒂芬的总结缓解了克雷格的抵触情绪,让克雷格心情舒畅,能够真正倾听斯蒂芬必须说的话。

在你总结完毕后,你会向对方征求反馈。我喜欢这样问:"这已经是我记录的所有内容了,有什么遗漏吗?"通过征求反馈，我将确保自己尽可能地从谈话中学习，并让对方知道我是真心希望倾听他们的话。

斯蒂芬向克雷格征求以上总结的反馈，克雷格补充了一些信息：虽然他没有咨询诉讼合伙人，但他请了一位非常得力的诉讼助理协助他处理此案。这让斯蒂芬更全面地了解了这个情况。斯蒂芬总结了这条额外信息，并感谢他的补充。在意识到斯蒂芬听到了自己的反馈后，克雷格明显感到如释重负，斯蒂芬则能成功地为律所分忧。

征求反馈是确保我们听取并理解他人对当前情况看法最后的关键步骤。当我们最终开始思考未来及要采取的步骤时，这么做为我们奠定了成功的基础。

注意没说出来的话

你提出这个问题时，需要在倾听对方回答和反馈的同时关注对方的表情和肢体语言。斯蒂芬告诉我，克雷格在他们第一次坐下来谈话时显得非常紧张，他从克雷格皱眉的表情和双臂交叉的动作中看出克雷格可能有抵触情绪。当斯蒂芬开始总结时，克雷格稍稍放松了一点儿。此外，克雷格身体前倾，双手合十，这让斯蒂芬察觉到克雷格可能还有话要补充。在斯蒂芬给克雷格反馈的机会并总结了额外的信息后，克雷格第一次露出了微笑，并将身体向后靠在椅子上。从克雷格的表情和肢体语言中，斯蒂芬察觉到克雷格最终获得了被人充分倾听的感觉。

总结

你已经学会提出一个很棒的开放式问题，跟进、总结并征求反馈，这让你的谈判有了一个良好的开端。现在，让我们继续谈话，并开始思考最终的解决方案。

> **谈判策略 6**
> 你需要向对方提出开放式问题：告诉我……
> 这个问题能带来信任、创造力、理解和令人赞叹的解决方案。

问题七　你需要什么？

一位资深的电视台高管飞赴另一座城市，准备开始一场预期会很激烈的法律谈判，谈判的主题和她制作的一档电视节目有关。

这档电视节目围绕喜剧表演展开，节目刚上线，她的电视台就遭到意外冲击：一个夫妻搭档的小型节目制作团队推出的一档喜剧表演节目已经在外地某电视台上线，而这个团队以商标侵权为名起诉她的电视台。这对夫妻的小型节目已经播出两年了，他们认为她的电视台正试图利用相似的名称博得大众关注度并获得节目声誉。

这家电视台立刻修改了相关喜剧节目的名称，但这对夫妻拒绝撤诉。由此产生的诉讼一直拖延，双方都损失惨重。因此，电视台高管飞赴他们所在的城市寻求调解，并设计了关于如何与对方碰面的策略。这位高管知道电视台的立场和期望：一分钱也不给，接受法庭审理并胜诉。

她和律师团队到达调解地点坐下，看到夫妻团队和他们的律师坐在对面。回想了一遍飞机上制订的计划后，她望向谈判桌对面，问这对夫妻是否愿意在没有律师在场的情况下与她交流。夫妻俩面面相觑，愣了一下，同意了她的请求。在所有律师都紧张地离场后，她转向这对夫妻，只问了他们一个问题："你们需要什么？"

这个问题似乎使这对夫妇感到既震惊又宽慰。他们考虑了一会儿，对这位高管说："我们太喜欢自己创作的节目了，这是我们的得意之作，之所以上诉是因为我们惧怕自己无法生存。我们现在迫切需要的是曝光度，有了曝光度，我们可能就不会害怕了。"这位高管考虑了片刻，提出了一个条件："在我负责监管的另一个电视频道，给你们打几个广告怎么样？"她手上有几个即将推出的待售广告位，这对电视台来说几乎没什么损失，但是对地方喜剧团体来说具有重大价值，因为可以大大增加他们的曝光度，而达到这种曝光度是他们自己负担不起的。当她开出这个条件时，夫妻俩看起来很吃惊，但很快他们就接受了这个提议，双方终于达成和解。这位高管在前往机场的途中还收到那位妻子发来的短信，除了感谢的话语，还有一些飞行途中的读物推荐。

一个问题开启了整场谈判。如电视台所愿，这位高管不费一分钱就达成了和解，但她的问题所产生的巨大价值并不仅限于达成一份调解协议。这位高管富有创造力的合作方式给这对夫妻在震惊之余留下了深刻的印象。他们之间一直保持联系，并最终成为好朋友，甚至这位高管在后来的职业生涯中寻找跳槽机会时，这对夫妻还帮助她和他们圈子里的一些人牵了线。

一个问题不仅改变了整个局面，还以一种这位高管未曾料到的方式改变了她的人生。

询问需要：从需要入手比从要求入手更易实现目标

"你需要什么"转变了电视台高管和夫妻团队之间剑拔弩张的关系，这是最初启发我写本书的灵感来源，它证明了单一问题能够将争论的局面转变为终身互利的机会。

"你需要什么"这个问题能够改变人生，它能帮助你获知人们这么做的原因。从背后的需要入手谈判会比从要求入手容易得多。请思考前面的案例：这对夫妻的立场是"你们偷用了我们的名称谋取利益，要赔偿我们的损失"，而电视台的立场是"我们并没有偷用你们的名称，你也并不能证明自己遭受了损失。我们不欠你们的"。如果他们都只是坚持自己的立场，结果肯定大相径庭，导致损失增加、成效降低。

我们要透过人们的要求，看清驱使他们行动的深层需要，这能帮助我们转变对冲突及其处理方式的看法。事实上，许多人起诉的真实原因并非出于权利，而是需要。[1] 而需要（不是权利）正是许多谈判僵持或失败的原因。需要是人们的"为什么"，是人们站在某种立场上的原因。当我们理解了他人的需要，这些需要就会帮助我们为棘手的问题找到绝佳的解决方案。

通过训练明确需要

你一般多久会和某个人（甚至是你非常了解的人）面对面坐下来，问他们需要什么？大多数人，包括经验丰富的谈判专家，都需要通过一些训练来提出这个问题并学会倾听答案，记住，是真正的倾听。由于长期以来我们见过大量相同的要求重复出现，以至于我们很容易认为这些问题的解决方案是类似的。但是一旦你深挖下去，就很可能发现这些个体的需要截然不同。

我在哥伦比亚大学法学院的学生和我调解过很多涉及美国政府的劳资纠纷，两个相似的案例（比如一名女性在工作中晋升失败，状告雇主性别歧视）产生不同的结果，证明了有关同一原始问题的谈判协议能有多大的差异。

设想两名来自某机构的女性同时走进我的办公室。她们的立场一致："我晋升失败了，仅仅因为我是一名女性。"我请第一位女性进来，她重复了自己的立场。我们问她："你需要什么？"

她说:"由于我晋升失败了,我没钱为儿子提供医疗和特需教育治疗。"

她的需要是金钱方面的。当然,她也会有其他需要——任何父母都知道夜里睡好觉的唯一办法就是知道自己已经在尽力照顾孩子,但她基本的有形需要是金钱,所以这场谈判很可能以金钱补偿告终。

现在进来了第二位女性,她也表明了自己的立场:"我正当的晋升要求遭到拒绝,因为我是一名女性。"我们问她:"你需要什么?"她告诉我们:"我的需要是发生在我身上的事情绝不能在其他女性身上再次发生。"她的需要就和第一位女性有很大不同——她需要制度的改变。对于这名原告,我们可能会通过承诺举办以工作中两性平等为目标的管理培训项目结束谈判。所以,相似的立场并不意味着相同的需要。

发现深层需要对关系问题的解决也有神奇的作用。也许你的伴侣多年来都在重复一些话,比如"你总是忘记在我们睡觉前清理水槽,把餐具装进洗碗机清洗",你很可能会这样回应:"我昨天刚做过,还有,我已经很累了!我倒了垃圾,还辅导了孩子功课,你还想要求我做什么?"

同样,这场争吵完全围绕要求展开。若你提出一个关注伴侣需要的问题,你可能会听到一些不同的声音。有一次我让一对夫妇这么做,结果要求水槽干净的妻子实际的需要是在她早上下楼后获得一种宁静和谐的感觉，而干净的水槽恰恰满足了她的这种需要。干净的水槽和台面会使她在新的一天开始时感到放松，呼吸顺畅。丈夫认识到妻子的需要其实不是控制他，而是控制自身的焦虑。反过来，丈夫也需要在异常忙碌的夜晚拥有一些灵活的时间。在共同讨论了彼此的需要后，这对夫妇决定如果他们需要二选一，他们会选择放弃收集垃圾，而是专注于清理厨房。此外，他们大大增进了彼此之间的理解，让家庭生活变得更加愉快。

明确深层需要有助于我们避免千篇一律的谈判模式，为各相关方创造创新、持久且具体的解决方案。因为要求听起来熟悉，就自认为了解他人的需要，这是常见的错误，千万不要犯。

轮到你了：询问别人的需要

通过以"告诉我"询问对方并倾听答案，你已经尽可能地以一种开放的姿态开启这段谈话。现在你已经准备好提出下一个问题："你需要什么？"

你可以充分根据自己的需要调整这个问题，使之适合你面临的谈判。如果你在塔吉特遇到一位采购主管，希望对方购买你的家居产品，你可以问"您需要供应商提供什么"或"您需要从这笔交易中获得什么"；如果你和伴侣就家庭预算及能否提前规划好一次奢华的假期旅行进行谈判，你可以问"当我们考虑把钱优先用在什么地方的时候，你需要什么"；如果你和装修承包商坐下谈判，你会问"和业主合作时，你需要什么"或"要想完成这项工作，你需要什么"。

"让飞机着陆"

即使是经验丰富的专业人士或长期伴侣，也会在通过开放式问题询问对方需要时感到犹豫。这和我们通常提出的问题不一样，它更深入且更具风险。我见过太多谈判者在提出这个问题后，就好像飞机绕着机场打转那样，说一些多余的话："这种情况下你需要什么？通常当我们到了这一步时，人们会问我……""在这里你需要什么？我们改动一下这个数字如何……"不要担心就这样提出这个问题，不要加入你的评判，也不要自认为你比坐在你对面的那个人懂得更多。请勇敢一些，问出这五个字的问题，然后"让飞机着陆"。

享受沉默

然后，留出沉默的时间，让对方思考并回答你的问题。

后续跟进

有时候,当你询问别人他们需要什么,你可能会得到一个简短或者含糊的答案——你希望跟进的答案,不过不要用封闭式问题去跟进,或者更糟的是把你的个人意见当成解决方案。这样会适得其反,让你在准备获得最多的同时中断信息的交流。反之,记住我的印度旅行的故事,可以这么说:"谢谢,你能告诉我更多有关……"

很多人都会在提出后续问题时犯错,他们一开始记住了提出大的开放式问题,但在后续跟进中违背了这一原则。不妨使用我们的万能句型"告诉我更多"。如果你问别人"你需要什么",而对方回答"我不知道",这个句型就派上用场了。在广泛询问更多信息的过程中,你将通过以下表达帮助对方阐明自己的想法:"好的,所以你不确定自己需要什么,也许你可以告诉我更多你脑海里现在冒出来的想法。"然后再次享受沉默。

提出这个问题后,你会发现前面提到过的两类主要需要:无形需要和有形需要。接下来,我们分别谈一下对它们的处理。

处理无形需要

你已经提出一个有关需要的问题。我们从研究和实践中获知询问需要将带来能够达成协议或化解冲突的深层重要信息。[2] 许多需要是无形的(正如你在问题二中找到的那样),换句话说是概念式的，而非具体的。这些需要将引导我们提出重要的后续问题，就像你在问题二中所做的那样，你接下来会问："这个需要看起来是怎样的呢？"

"这个需要看起来是怎样的呢？"这一问题有助于让对方的需要在生活中呈现，并在现实中更加形象可感。它帮助人们展望未来，并勾勒出他们最想看到的东西。最后，它在你和对方之间打开了一扇窗，给予你至关重要的细节，帮你找到共同进步的道路。当你提出这个关键问题时，你在帮助对方把他们的需要具体化，并且为自己找到解决问题的有力线索。

一名健康教练和她的客户面对面坐下，她们合作已经有大概一年了。这位客户是一名职业女性，还是坚持不懈的瑜伽练习者，但她存在情绪化进食的问题，并且从40岁起每年都感到沮丧。尽管她很努力，体重还是一磅一磅地上升，直到她无法穿上不久前买的衣服。在一开始和教练的会面中，这位客户明确了减重20磅的目标。她摄入高质量的新鲜食物，还成为健身房会员，做了为达到她的目标所需的所有事情。她开始健康饮食，退出了瑜伽课程，改成每周五六次的高强度锻炼，包括体重训练。然而，体重秤像是被卡住了，她的体重变化幅度不过一两磅。体重越是没有变化，这位客户就越是较劲儿。最后，她向教练表达了她的沮丧和失望，教练立刻回应并安排了一次会面。

这次，教练换了一种方式，让这位客户把体重的事暂时搁在一边，想想自己需要什么。她马上回答道："我需要感觉更健康、更平衡。"教练回答："很好，你需要感觉健康和平衡，这看起来是怎样的呢？"她想了一下说："我不知道……我想我需要多休息，而且我怀念练瑜伽的日子。练瑜伽让我身心健康，而我现在为了减肥正在做其他事情，这些事情反而让我感到更加疲惫。我在工作、买菜、锻炼和照顾孩子之间周旋，筋疲力尽，以至于我觉得吃夜宵不过是为了避免自己睡着。"

现在教练和这位客户已经得到解决问题所需要的信息。通过提出这个问题，教练激发了她的内在智慧，让她自己找出了解决问题的办法。她们一起关注休息和平衡，通过调整作息时间并设置日常晚间放松时间，减少了其夜间进食量。她们把瑜伽课程重新加入她的锻炼日程，在做有氧运动和练习瑜伽之间实现平衡。她们还集思广益，想出一些准备饭菜的简单方法来帮助她减轻负担。随着压力减轻、平衡恢复，这位客户开始感觉好转，体重也逐渐稳步下降。这些都归功于一个问题，这个问题帮助她们明确了实现目标所需的健康和平衡具体是怎样的。

我特别喜欢"这个需要看起来是怎样的呢"这个问题，几乎在所有谈判场合都会这么问，然而大多数谈判者甚至都不知道可以这样提问，就算他们知道，也问不出来。为什么呢？因为他们还没有像你一样找到对方的需要。到这一步时，你会发现之前提出开放式问题并真正倾听答案的做法获得了回报。

当你准备提出这个问题的时候，首先要回想自己听到的对方的需要，然后问他们这种需要看起来是怎样的。比如你正和一家生意兴隆的面包店女店主交谈："伊兰，我听你说过你最大的一项需要就是在你的专业工作领域内感受到认可。这个需要看起来是怎样的呢？"然后，你会继续回想对方说过的话并用"这个需要看起来还会是怎样的呢"这种问题询问更多的信息。所以，当伊兰回答"我希望我们店的面包师依照我的想法做面包，而不是只会点头然后问我丈夫"的时候，你可以说："好的，所以你希望自己给面包师提建议时，他们马上照做，不需要先和你的丈夫确认。工作中感受到认可看起来还会是怎样的呢？"

保持这个问题的开放性非常重要，因为这会让你深入了解对方对未来（可能是你们共同的未来）的看法。在这里，我们必须再次克制在最后提出封闭式后续问题的冲动，这些问题经常反映我们对特定的人或事先入为主的想法——可能和实际情况相距甚远。如果你正值青春期的女儿说她在家里需要更多自由，你要克制自己，不要说："更多的自由看起来是怎样的？等等，是又想玩手机了吗？"作为一名青春期少女的家长，我很少能猜中自己女儿在想什么，克制自己、学会倾听让我和女儿更亲近，让我逐渐了解她是怎样的人，以及将要成为怎样的人。

这个问题在一场针锋相对的谈判中也会显得很重要。在这类谈判中，我把你的谈判对手称为"反击者"，他们会否决你提出的每个想法，说"这不会奏效的"，但他们自己连一个积极的建议都提不出来。这时候，你需要问他们一个问题，把球踢回他们的主场，比如"可行的解决方案看起来是怎样的"，然后耐心地享受随之而来的沉默，你在强迫（或者说促使）他们积极参与、共同寻找解决方案。

处理有形需要

如果你在提出这个问题后听到有形需要（比如"我需要你一周两次通过电话向我汇报你的业绩"），那么你就知道该如何提出后续问题："帮助我理解一下，是什么让每周两次的通话变得重要？"

一旦某人说出有形需要，我们就可以用后续问题深入地理解其背后的无形需要。

请再次避免"这个为什么重要"一类的问法，要问"是什么让……"或者"告诉我……"，而不是问"为什么"。尤其当谈判中存在困难或者令人不愉快的沟通时，"为什么"会显现对抗性或攻击性。社会工作者极少提出"为什么"的问题[3]，因为他们想获取更多信任、建立更融洽的关系。比如，比起"为什么你明知我们财务困难，还不愿意取消高尔夫俱乐部会员资格"，"是什么让高尔夫俱乐部会员对你来说那么重要"更可能让对方给出一个正面的回答。

通过这种方式，让你每周两次通过电话汇报业绩的上司将告诉你这样汇报的意义。这样做是帮助他们更好地与董事会沟通吗？或是他们需要更多的参与感和掌握情况的安全感吗？试图找出人们列举的有形需要背后的无形需要，就能理解他们想要解决的问题并开始寻找备选方案。如果他们说自己需要靠听取汇报来获得参与感，但是你知道每周两次的汇报因为某种原因并不能实现，你现在就能明白该怎么推进谈话了。最后，在你完成总结并给他们一个反馈的机会时，你可能会认可他们希望获得参与感的需要，告知他们按建议进行电话汇报的难度，然后询问他们的想法，或者提出一些你自己的想法，找出你们可以一起满足这种需要的其他方法。

另一个例子来自一家《财富》100强公司的副总裁，她在工作一年后被任命为另一个业务部门的负责人。这次晋升虽然不涉及职位变化，但是所承担的工作较之前格外引人注目，而且这项工作需要频繁前往西海岸出差。她和公司多次就薪酬问题进行谈判，在较短时间内谈成了该职位所能获得的最高工资（她通过一些调查证实了这一点）。她告诉公司管理层自己需要在这笔交易中获得更多价值，但得到的回答是："我们明白你的意思，不过我们已经开出了最高的薪酬，还可以怎样帮你从中获得价值呢？"这位副总裁想到这份她中意的新工作意味着频繁地和丈夫分别（她每个月会离开家两次，每次离开一周），于是她回头找到管理层，问他们能否安排自己的丈夫每个月来探望她一次，并报销他的机票、住宿和探亲期间的日常开销。这一"价值"不同于薪酬,来自公司的另一笔支出。结果管理层很快答应了——她谈成了这笔交易。

如果你知道自己很难满足某人的有形需要,一种很好的推进策略就是挖掘深层的无形需要,然后(在你问完这些问题之后)问对方你还可以怎样帮助他们满足需要。

总结并询问反馈

在你提出问题、享受沉默并提出后续开放式问题后,现在需要总结你听到的话了。总结确保你倾听了对方,并且理解了对方所说的话。此外,让人们听到自己的需要被说出来会使其情绪获得难以置信的宣泄。

我的导师卡罗尔·利布曼教了我一项听力训练:把受训者分成不同组,倾听彼此描述自己正在面对的矛盾,描述完毕后,同组成员的任务之一就是总结描述者的需要。在最近一次训练中,我让民权律师完成这项练习。结果训练结束后,部门主管把我拉到一边说:"我知道你是来这里训练我们调解的,但我刚刚经历了一些更有魔力的事情。我正在处理的一起棘手的工作冲突让我夜不能寐,而让别人真正倾听我的需要并为我总结这些需要,使我产生了印象中最彻底的解脱感。这就好比我的油箱里重新加满了油，促使我开始工作并真正解决问题。我正准备回办公室，现在就去解决！"所以倾听和总结对方的需要的第一个好处就是使他们感受到被倾听和尊重。

总结对方的需要可能也会让其获得以前没有理解的信息，比如有一次我为安德烈娅总结她的需要，安德烈娅是一名商人，她和弟弟查德之间产生了矛盾。在查德经历了一段经济困难期后，安德烈娅给他买了一间公寓，还安排他在自己的公司上班。她告诉我，自己现在很后悔这么做，查德和一个有袭击犯罪记录和非法金融交易前科的女人谈恋爱，他要求买一辆自己根本买不起的车，还说要让他的女朋友也来安德烈娅的公司上班。安德烈娅跟我谈到保持公司良好声誉的重要性，最后说："我认为自己现在可能需要离开，不要在社交场合再见他。"

我总结道："你告诉我自己后悔让查德来到公司上班，并且声誉对你来说很重要。我在想你是否需要让查德停职休假。"

她点头说："我并不希望去想这件事，但是我确实需要这么做。"

作为一名倾听者，总结对你来说也有强大的影响。通过强迫自己用另一种方式倾听，你能深入理解对方真正想要表达的意思。太多时候我们都不能全神贯注地倾听，或是不自觉地加入自身经历。但是只有理解对方的话，而不是想着怎么回应，才能帮助你用不同的、更好的方式倾听。

在你做总结时，你还有机会检验自己是否真正理解对方的意思。如果你认为自己听到客户说需要更频繁的邮件联系，而他们真正需要的是只在某些重大变化或人员变更发生时联系，那么这就是很重要的差异。总结给予你一个机会，确保自己听懂了对方希望你明白的意思。

请一定在总结完毕后询问对方的反馈，反馈能让你知道自己做得怎么样。避免提出"我理解得对吗"这样的封闭式问题，因为这样是在用一根线钓鱼，很可能只得到简单的"对"或"不对"的答案。反之，用一种让听者明白你期待并欢迎他们反馈的方式去询问反馈，比如"我总结得怎么样"，甚至可以问"我遗漏了什么吗"，然后再次全神贯注地耐心倾听对方。

注意对方没说出来的话

有时候，当你问别人这个问题，他们会直率地告诉你自己的需要。但是有时候，要想知道对方的需要，就需要仔细倾听对方话语之间的意思，包括肢体的暗示。比如，我做完总结后问对方"我理解得对吗"，然后他们用一种怀疑或犹豫的语气回应，皱眉、摇头或向下看，这些可能就说明我遗漏了一些要点。在这种情况下，我通常会说："看起来我确实遗漏了一些要点，请告诉我怎样才能更好地理解你说的话。"

你已经询问了对方的需要，你帮助他们让这些需要变得更加具体，或是把有形需要和一些更大的概念联系在一起。你总结了对方说过的话并征求反馈，你还观察肢体语言，邀请对方尽量开诚布公。

现在，让我们关注下一个问题，我将教你一个简单有效、不涉及"情感咨询"的方法询问对方情绪——就像你在问题三中对自己做的那样。

谈判策略 7
从对方的需要入手比从要求入手更容易实现谈判目标。

问题八 你的顾虑是什么？

与高管沟通

拉胡尔走进老板的办公室，开始了他担心的具有挑战性的谈话。六个月前，为寻求国内工作之外的新挑战，他通过申请被任命为公司国际部副总经理，分管运营。他是一位充满活力的年轻领导者，其管理风格鼓舞着千禧一代的员工。国际部现任总经理从入职以来就一直在国际部工作，在部门前任总经理变成整家公司的首席执行官后获得了提拔。

拉胡尔上任后，管理国际部的挑战日渐严峻，国际市场正遭受全球金融波动的冲击，拉胡尔所在的这家老牌企业面对来自行业内新兴企业日趋激烈的竞争，正苦苦挣扎。一周前，拉胡尔作为新任国际部副总经理和他的老板一起会见了公司的财务总监阿里亚。会议在紧张的气氛中进行，阿里亚查看了他们的人事组织图表，质疑一些职位都不在国内，为什么还需要设置这些职位。一阵沉默之后，拉胡尔说："这是个有意思的问题，我会考虑一下的。"

后来回忆起这次对话，拉胡尔告诉我："我和阿里亚的对话结束后，我看到老板用一种令人难以捉摸的表情看着我。一开始，我没有意识到问题，但是后来一周他和我的交流越来越少，每次交流的时间也越来越短。我们之间产生了一些嫌隙……好像他被我的回答伤到了，所以我去办公室找他。我真想问老板他的感受是什么，但是我担心这样问太直白了。我想这可能会让他抵触，就好比我指责他情绪化。所以我换了一种问法：'这可能只是我个人的感觉，不过我觉得自从上周和阿里亚谈话后，我们之间发生了一些事，我想理解你的顾虑是什么。'"

拉胡尔的老板敞开了心扉，他高度评价了拉胡尔的工作表现，但是他需要感觉到拉胡尔是团队中的一员。部门总经理对整个部门有强烈的忠诚感，因为许多员工和老板一样（但和拉胡尔不一样），是在国际部成长起来的。他希望拉胡尔能帮他向阿里亚表达国际部的特定需要，或是在他们一起想出对策前保留意见，而不是马上附和对方仅因为岗位不在国内就想裁掉国际员工的想法。老板用一种柔和的语气陈述，拉胡尔边听边想到其他一些事：国际部前任总经理在办公室里曾非常引人注目，不仅性格开朗，还能掌控部门，而这位现任总经理（也就是拉胡尔的老板）是个沉默寡言的人，在数据方面才华横溢，但在个人交往中较为保守。在倾听的过程中，拉胡尔意识到自己受聘的部分原因是为了填补老板相对不那么占优势的方面——但这只有在他感觉和老板的目标一致的前提下才成立。否则，拉胡尔会想自己当部门总经理，事实上他并不想这么做：拉胡尔在部门副总经理的角色中学会了许多事，他倾向于留在业务端，而不是承担起部门的全部责任。

拉胡尔总结了老板的顾虑并感谢老板坦诚相告。他再次向老板强调了自己是团队中的一员，感谢老板给他机会在目前的岗位工作，还和老板分享了自己的收获。于是他们一起想方设法让阿里亚认识到国际部员工所承担的工作的重要性，同时私下制订了应急方案，以应对如果公司坚持裁员的情况。他们还制订了一项针对今后与阿里亚沟通的方案。结果部门运营越来越好，他们也再次结伴前行。

询问别人的顾虑

谈判的下一步就是询问对方的顾虑是什么。倾听他们的顾虑可让你在所有谈判中受益，这不仅帮助你获得谈判中的关键信息[1]，还能非常有效地让对方获得被倾听的感觉。

如果对方对你本人或你的业务存在挥之不去的顾虑，甚至到了妨碍交易成功进行的地步，那么理解并处理这种顾虑的最佳方式就是询问对方的顾虑是什么。人们通常不会直白地与你分享他们的顾虑，而是选择隐瞒顾虑，造成谈判中止或生意旁落。但是当你询问对方的顾虑时，你便给予自己在谈判中取得成功的最佳机会。

而且，询问对方的顾虑是了解其需要的好办法。当你和对方第一次见面或想赢得一位新客户时，这么做尤其有效。这个问题有助于你发现对方尚未满足的需要，并解释你能如何满足这些需要。

最后，了解对方的顾虑是发现其对某件事的感受的好办法，你甚至不需要提到"感受"这个词或让对方难堪。

消除达成协议的障碍

回应别人对你本人或你提出的方案的潜在顾虑有助于消除达成协议的障碍，更好地了解无法和对方达成和解的原因——是什么让对方犹豫。通常，我们的客户、伴侣和同事都不会明说他们的顾虑，他们可能在等待你允许他们开诚布公地谈顾虑。如果你不问，他们是不会说的，而你可能就无法达成协议，所以你需要以一种正确的方式请他们开口。

我曾和一家从未请过外援指导谈判的公司交流，这家公司纯粹靠内部培训师开展谈判培训。当我们谈及我为这家公司做培训的可能性时，我直截了当地询问对方："我知道你们有一支内部培训团队，请外援对你们来说有什么顾虑吗？"高级经理如释重负地舒了一口气，在电话里说："我非常高兴你提出这个问题，之前我们确实有顾虑：一是价格，以及我们能否说服管理层负担这笔额外开支；二是这对我们的员工来说可能造成的影响，因为我们通常依靠内部培训团队，我们不想让他们觉得自己不受重视，或是认为由于他们做得非常不好，我们才聘请大牌外援。"

这一信息帮助我为这家公司设计了一份满足他们需要的提议，我在其中加入了自己培训过的所有拥有内部培训团队的公司的案例。这样管理层就可以告诉员工：现在大多数公司都已经认识到聘请外部谈判专家的价值。我还以要点的形式列举了许多公司选择聘请外部谈判专家培训内部培训师的原因：这种训练能够帮助任何人，包括内部培训师在内，有助于他们在公司内部的职业生涯更进一步。我向管理层提议如何让公司内部培训师参加我的培训，以便我们也能在培训室里肯定他们的专业性。询问对方的顾虑给予我重要的信息，帮我达成了交易。

除了帮你解决达成协议的障碍，询问对方顾虑的另一个原因是为了建立融洽的关系并鼓励对方更加开放。[2]这体现了你一方面具备足够的自信，回应可能出现的任何顾虑；另一方面关心对方，想要确保自己在一项交易中提供了正确的价值。一名成功的艺术品买手告诉我，多年来她通过确保自己听到客户的顾虑，树立了信誉。如果她发现客户对所要购买的艺术品心存顾虑，她就会建议客户不要买，即使她能从交易中抽取佣金。她告诉客户去等待能够满足他们长期需要的东西。通过这种方式，她赢得了长期忠实的客户及客户提供的交易佣金。

处理未被满足的需要

询问对方的顾虑有助于理解其未被满足的需要，或是当前情况下对其无效的举动。如果你正想赢得一位新客户或达成一笔新交易，你会想知道他们在上一笔交易中不满意的地方，所以你可以问："在上一笔交易中，你的顾虑是什么？"这样，你就会更好地理解他们优先考虑的事情和需要，从而更好地与对方合作。

保险经纪人伊丽莎白专门针对拥有大型企业或财产的家族的保险需求提供建议。一天，她和团队走进一间会议室同潜在客户（一个有大量保险需求的家族）开会，希望赢得他们的保险单。这个家族之前和另外一名保险经纪人有过一段时间的合作，并且声称合作情况"还好"，尽管如此，这个家族还是安排了这次会面。

会议一开始，伊丽莎白的团队就介绍了他们的公司和所提供的服务。伊丽莎白一直在观察对方，评估局面。她打断了团队的展示，向对方提出一个问题："在我们进一步合作前，我希望确保我方能够满足贵方的需要。对于现在的情况，你们的顾虑是什么？"

他们回答说对现在的经纪人提供的服务水平存在顾虑。伊丽莎白总结并跟着说道："所以，之前的服务水平并不是贵方所需要的，您能告诉我们更多吗？"对方又展开说他们现在的经纪人是兼职的，有时候他们想找她，但她不在——他们不得不等好几天才获得帮助。这让他们觉得这位经纪人并不关心他们，也不会优先考虑他们的顾虑。

保险经纪人通常会把潜在客户的提议汇总成一份电子表格，其中列出了不同的保险单及每份保险单的编号。在会议结束后，伊丽莎白制订了一份服务计划，向这个家族说明了其账户的首要负责人，还包括了以防负责人外出的候补人选。这个家族的发言人收到这份计划后，打电话回复说："哇，这和我们通常看到的很不一样。我从未见过这样一份关注服务的方案。"于是这个家族把他们的整个账户委托伊丽莎白的公司代理。伊丽莎白提出的问题不仅帮她赢得了生意，还赢得了这个家族的信任。几年之后，伊丽莎白跳槽到另一家公司，这个家族的人打电话来说："我们跟着你走。"

了解他人感受的根源

"你的顾虑是什么"是一种询问他人感受真正有效的方法，

你不必使用"感受"这个词本身。我们知道对方的感受在解决冲突、达成协议的过程中至关重要[3]，但不管是在工作中还是关系里，我们很多人都对"感受"本身很抵触。在询问对方的感受时，如果对方是一位相对陌生的同事或潜在竞争者，那么不引起对方抵触是很困难的。在谈判中，当别人询问自己的感受时，很多人其实并没有准备好处理自己的情绪。更糟的是，人们经常会问一个有关感受的封闭式问题："你是在生我的气吗？"这样问获得的信息非常有限，还经常会在谈话中激化对方的情绪。当你询问别人的顾虑时，你要给他们一个开放、安全的提示，促使对方说出自己的感受。

回想前文拉胡尔的故事，他感受到自己和老板的关系中有些不对劲儿的地方，他本可以只是和老板制订一个计划来应对阿里亚的顾虑，但这么做不能解决真正的问题，即总经理需要团队感。拉胡尔询问总经理的顾虑，为他们解决根本问题铺平了道路，而不是围绕一个未知问题的备选解决方案打转。这一根本问题的解决使他们不仅修复了工作关系，还制订了与财务总监的谈判计划。

奥图姆·卡拉贝丝教练曾向我讲述解决客户疑虑如何帮助她与客户进行谈判并实现目标的故事。奥图姆为少数知名客户提供个人训练和瘦身营养服务。一天，她用这个问题和一位客户谈判。这位客户30多岁，是一位成功男人，他一直努力健身并改善营养，让自己更健康。奥图姆说："一天我们锻炼身体的时候，发生了一件大事。由于他明显超重,体重超过400磅,锻炼对他来说很困难。那时候我们才刚刚开始锻炼,我让他做特定的健身动作,以便我观察他能否把动作做到位,但是我看到他怒不可遏的样子。我们做的健身动作越多,他就越是生气沮丧,越是生气沮丧,姿态就越是变形,也就是说健身动作没做到位。这样会导致受伤,所以我不得不制止了他。我说:'怎么回事?你的顾虑是什么?'他说:'我生气是因为我做不了这个。'我说:'我不觉得这会让你生气。'然后我们就坐在那里,一分钟后,他说:'忘掉这件事吧,我不做这个了。'但是我告诉他:'你不能离开健身房,请坐下,告诉我你的顾虑是什么。'结果他的答案让我们都很吃惊。他幼年父母双亡,是祖父抚养了他,在他10岁时,一天早上他上学前到卧室跟祖父道别,发现祖父已经去世了。此后,在长达一年的时间里,他住在儿童福利院,满是创伤的经历,好几个小孩挤在一间房子里,他的养父母夜里甚至会把冰箱锁上,他们一天只能在规定时间内进食。"

正如奥图姆告诉我的那样,这段经历导致了他的不良饮食习惯。许多年后,40多岁的他在锻炼中想起了失去祖父的痛、住进儿童福利院的五味杂陈,以及饱受饮食方面虐待而又压抑多年的苦楚。奥图姆补充说:"所以他把这些情绪都宣泄了出来,然后我们再回去锻炼,因为我们已经解决了本质问题。询问他的顾虑让我们双方都认识到弓箭步这个动作或体重超重都不是真正的问题，而是存在更重大的根本问题。处理这些问题有助于我们重回实现目标的正轨。"奥图姆用一个开放式问题帮助自己在谈判中和客户加深关系，使得客户能够继续朝更健康的目标努力。

如何询问这个问题

接下来，我们将讨论如何有效询问对方的顾虑。我将给你一些建议，帮助你做好准备，然后处理一些你可能获得的回应。当你准确地总结了对方的感受，但是对方并没有准备好倾听你的时候，我还会帮你明确该怎么做。如果你总结了对方的回答并获得了对方的反馈，我会教你如何处理这些反馈。

"让飞机着陆"

这个问题可能会让你紧张，怕自己不能"让飞机着陆"。询问对方的顾虑是在促使对方告诉你一些你并不认同或喜欢的事情，或是一些你没有完全准备好接受的事情。但是请振作起来。首先，对方的顾虑可能并不是针对你，而是对其他人、其他事。知道这一点难道不好吗？其次，如果对方有顾虑，知道远比不知道要好。因为这让你有机会处理这些顾虑并达成协议，而不是任由顾虑加深，阻碍谈判进程。不要试图猜测对方的顾虑或拒绝谈话，提出问题并"让飞机着陆"。记住,只要你按照以下提示,就不需要马上想出应对那些顾虑的答案。你将有时间搜集信息并制订计划。

享受沉默

在你提出这个问题后,你将享受(或者至少接受)随之而来的沉默,这个问题尤其可能需要对方花额外的时间回答。不要打破可能让你觉得死气沉沉的气氛,因为气氛不是死的,而是孕育着无限的可能。沉默表现出的另一面可能会改变你对这次谈判及谈判对手的所有看法。

后续跟进

你询问对方的顾虑后,可能会发现一些他们从未分享过的感受或未被满足的需要。比如,当伊丽莎白问潜在客户这个问题时,他们告诉她需要更好的服务。了解更多需要的最好跟进方式之一就是总结(见下文)并提问,像她做的那样:"关于这一点你能告诉我更多吗?"这样,你将帮助他们(和你自己)使这些需要具体化,以便你在谈判中处理它们。通过这种方式,伊丽莎白发现更好的服务意味着总是能在客户有需要的时候及时回电,并让客户感觉到这一点。

总结并询问反馈

在你提出这个问题后，会想总结自己听到的回答。通过重复你听到的回答并给对方发表意见的机会，你将帮助他们（和你自己）倾听他们的看法，并根据他们的意见做一些纠正或补充。最后，总结还会让对方知道你很重视他们的顾虑，并投入了时间去理解这些顾虑。

注意对方没说出来的话

在交流之窗的所有问题里，都请关注肢体语言，特别是当你询问别人的顾虑时，必须注意对方没说出来的话。有时候这意味着需要从对方告诉你的顾虑中读出言外之意，找出真正困扰他们的问题。当你询问对方的顾虑时，关注肢体语言是关键。人们经常在谈判中掩饰自己的顾虑，除非对方直截了当地请求其说出顾虑，有时候还需要多次请求。我都说不清有多少次我问别人某项建议对他们是否有用时，他们一边嘴上说着"是"，一边摇头。联合国助理秘书长尼基尔·赛斯告诉我，在外交谈判中询问对方的顾虑极其重要，而且问题的答案往往在话语之外。他说："你必须解读对方的情绪语言——可能不是口头上的，而是来自我所称的'身体之眼'，能够看到人们对某一问题的真实感受。"

所以当你询问对方的顾虑时，你需要特别留意对方的肢体语言，并从细微的措辞中寻找线索，因为这些线索会告诉你对方可能在隐藏自己的顾虑，或是想到了一些他们并不情愿分享的事情。当这种情况发生时，我会通过如下方式回应：（1）有礼貌地指出我注意到的肢体语言与非肢体语言；（2）向对方及其观点表示尊重；（3）重新提出问题。作为一名调解员，我无数次地问过人们在一笔特定的交易中他们的顾虑是什么。如果他们耸耸肩，目光下移，说："啊，这挺好的。"这就暗示"挺好的"意思是"不尽如人意"，而耸肩的意思是勉强接受。我可能会回应说："你告诉我挺好的，但你的表情传达了不同的意思。你是这里的决策者，而不是我，所以如果你有顾虑，我希望能了解这些顾虑。可以告诉我你的顾虑吗？"他们会很感激我这样问，并补充我第一次未能了解的信息。

即使是你深爱的人，包括你的家庭和其他亲密的关系，也可能会因恐惧或尴尬而不愿意表达他们的顾虑。我的弟弟和弟妹最近生了一个女儿，在她出生后的第一次家族聚会上，我可以感觉到我的女儿对大家关注点的转移感到不舒服，因为很多年来她都是我们家族里唯一的孩子。等到安静的时候，我询问她的感受，她说："没什么的，妈妈！我很好。我只是旅途中感到累了。"我又尝试询问："我知道你在告诉我你很好，但是你的神情看着有一点儿沮丧。如果有什么事情困扰你，哪怕只有一丁点儿，你也可以告诉我。"这次，她主动贴近我要抱抱，告诉我她喜欢这个妹妹，但是觉得可能自己不再像以前那样受到家族里大人的重视了。随后我们进行了一次有意义的对话，通过这次对话，我能够与她分享自己作为家族里最大的孩子也曾在弟弟妹妹出生时感到不舒服、怕被大人遗弃的经历。注意我的女儿没说出来的话，并请她与我坦诚交流，这让我们的关系更亲密。

如果你提出这个问题但遇到了一些阻碍，怎么办？比如我问某人"你在顾虑什么"，然后对方拉回椅子，手臂交叉，说"我不确定你在说什么"，这就说明对方可能产生了防范心理，或是担心你会让他们陷入难堪。（注意他们还可能陷入"两大情绪"之一，或是同时陷入"两大情绪"，即害怕和内疚。）如果你碰到这种情况，可以尝试下列做法：还记得我在上篇中向你提出关于感受的问题之前，我先告诉你一个我自己的故事吗？你也可以这么做，就像拉胡尔在询问老板的顾虑前先说出自己的顾虑。举个例子，我可能会回答："我感觉这个问题并没有获得我预期的答案，请让我再试一次。上周我一直在担心我们之间的关系，我发现自己担心什么地方出错了，但我不知道是哪里出错了。我非常重视你说的话，所以我来这里倾听你的顾虑是什么。"尊重对方一开始的迟疑，适当展现自己的诚意，你就可能在第二次尝试中取得更大的成功。

如果你这么做之后，对方仍然坚持自己没有顾虑，我会建议到此为止。他们可能尚未做好说出顾虑的准备,这时候你需要继续努力建立融洽的关系。你可以闲聊一下,或是跳到接下来的两个问题,这两个问题都能使人产生积极的感受,然后在时机成熟时再尝试回到这个问题。

总结

你已经询问了他人的感受,并且更好地理解了他人的立场。现在让我们转向下一个问题,你将回顾成功往事,为自己阅读本书最后的章节及今后的成功谈判铺平道路。

> **谈判策略 8**
> 询问对方的顾虑是了解其需要的好办法,能为双方解决根本问题铺平道路。不问顾虑就埋头干,很容易因弄错方向而做无用功。

问题九　你从前是如何成功处理这种事的？

平衡工作与生活

雷切尔和尼克大学毕业5年了，确定恋爱关系也有2年，6个月前他们开始同居。恋爱初期，他们会花很多时间参加户外活动，周末一起去远足，一起下厨，这让他们感到前所未有的快乐。他们的家庭有很多相似之处，三观也很合得来。他们都觉得彼此是合适的结婚对象。

雷切尔从事高要求的公关工作，尼克则是一位特约平面设计师，上班时间很规律。在获得目前这份工作之前，雷切尔曾在一家知名的美容公司做过三年公关经理，那时候上班规律，但是好像没有上升空间。后来她有机会在一家初创的化妆品品牌公司工作，并晋升为高级人事经理。雷切尔对新公司的工作热情高涨，为能推广自己实际使用的产品而兴奋不已，但她的新工作很快占据了生活的大部分时间。这家公司迅速扩张的同时，也面临着可以预见的所有初创公司的"成长的烦恼"——人员流动、战略改变。此外，雷切尔的上司已经意外离职两周，管理层正在寻找候选人，雷切尔必须担负额外的职责来争取晋升机会。她以前从不出差，现在每个月出差一次，每次出差的时间几乎长达一周。职场文化的改变对雷切尔造成了极大的影响，她不仅工作日的上班时间延长，甚至夜晚和周末的时间也被收发短信、接打电话及回应各种紧急需求占满。公司的首席执行官性格古怪，要求下属立刻回应，有时候自相矛盾，还会大喊大叫。雷切尔经常感到精神紧张，即使夜里"短信轰炸"好像消停了，雷切尔仍会担心自己可能错过任何一条紧急消息，还是会在她和尼克一起看电视的时候不停查看手机。

尼克对此日渐不满，经常冲雷切尔翻白眼并尖刻地评论她的工作。他们彼此感到疏离，周末活动越来越少，几近停止。最近一次远足，他们去往一个手机信号零星覆盖的地方，结果旅途的大部分时间里雷切尔都很紧张，生怕错过什么消息。驱车回家的路上，他们都沉默不语。

最终，尼克和雷切尔坐下来谈论此事。尼克认为雷切尔选择把工作凌驾于他们的关系之上，雷切尔则告诉尼克，她对尼克翻白眼的行为感到沮丧且无助，感觉尼克好像在为一些不由得她控制的事情抱怨她。雷切尔所在的工作环境充满压力，甚至到了残酷无情的地步,她对此也很绝望,希望在生活中找到更多平衡。

尼克说:"我知道你的想法和我的不一样,我需要很多自由的时间,而你总是喜欢努力工作。你是怎样在之前的工作中平衡生活的?"雷切尔回想了一下,告诉尼克自己大学毕业后第一年在美国总统竞选活动中担任所在州协调员的经历。那份工作不仅时间紧张,工作要求也似乎无穷无尽。当时她也在谈恋爱,也对抽出时间经营感情感到很吃力。不过在她适应环境并和团队建立互信后,她找到了为周末和工作日夜晚设定边界的办法:提前了解重要筹款活动的截止日期和其他重大活动的举办时间,然后找到其他不那么紧急的时间点。她帮助自己带的实习生们学习相关知识,所以他们能够代替她完成一些任务。她还会在需要休息时提前沟通好并安排别人补位。现在她回忆当初,还记得自己每天都能安排好时间跑步或健身,除非碰到十万火急的事,否则不会被电话打扰——这让她心情无比舒畅。她意识到自己已经好几周没去跑步了。

雷切尔一边说一边努力思考自己如何将之前的策略运用到现在的工作当中。她已经在这里工作一年了,虽然有时候她不得不在周末工作,但这并不意味着每个周末都得如此。尽管事情有时会一团糟,但她逐渐摸清了事情的节奏,比如活动前后的时间点和投资者来电时间,都是有可能忙里偷闲的。此外,她现在既是一位高级经理，也是一位会将信息和战略与自己团队成员分享的好老板。她的下属是一位很棒的公关经理，已向她提出想承担更多的职责。只需稍加训练，这位经理有时候就能帮雷切尔补位。

这些想法让雷切尔更好地了解自身处境及同尼克的关系。她在回忆成功往事的细节时也意识到，自己之所以能够应对紧张的总统竞选活动，是因为自己知道时间紧迫，而且老板很支持她，但是这份公关工作没有截止期限，而且现在的老板并不总是尊重她并和她保持沟通。虽然雷切尔希望努力工作、事业有成，但她也需要时间为自己的健康及身边重要的人着想。回想之前竞选工作可持续的原因，雷切尔开始思考，长期来看，目前的工作是不是最适合自己的工作。

雷切尔和尼克在这次谈话后制订了一个计划。她将通过谈判争取在周六和周日的上午获得休息，除非有紧急情况。每周两晚雷切尔会在7点后关机，方便她和尼克吃饭聊天。相应地，尼克承诺会更支持雷切尔的工作：如果她表示自己在处理急事，尼克会表示理解而不是抱怨——减少翻白眼的次数。同时，雷切尔开始关注求职信息，对各种可能性保持开放的心态：既可以留在这个岗位通过谈判争取自己的需要，也可以关注其他具备尊重员工健康的企业文化的公司，寻找这些公司具有挑战性的职位。接下来的周六，他们一起远足，终于，几个月来第一次彼此都感到轻松惬意。

询问对方的成功往事

我们再次回到过去，帮助对方回忆他们成功处理挑战的方式，而这些挑战跟他们或者说你们现在所面对的挑战有相似之处。

我们从上篇中获知，回忆成功往事能够带来多种好处，这样做能够触发我们关于过往经历的记忆，通过仔细回忆之前的成功做法，看到更多能够解决目前困难的备选方案。[1] 此外，记忆会改变我们的决策方式和对未来的信心。[2] 记忆能够影响我们的动力和能力，帮助我们解决下一个问题。[3]

当你询问对方这个问题时，你将打开一扇窗，扩展对他的看法，并更了解他以前取得成功的原因。你将获得重要信息，知道对方过去取得成功的有利因素，以及未来可能再次给他们或者说你们带来成功的因素。

此外，询问对方的成功往事，可使对方产生一种充满力量的积极感受，研究表明这种积极感受有助于提升你们下一次的交流质量。[4] 本章节中，我教授的策略是让对方进入回忆成功往事的心理状态，从而使其获得灵感，产生前进的想法。如果他们无法回忆过去相似的成功经历，我将帮你跟进，找出对方其他的成功往事，然后你将和对方一起找出过去和现在情况的相似之处。你们共同从本章节中寻找力量，准备好迎接未来。

回想成功往事有助于明确困难并得出备选方案

你询问对方这个问题时，其实是在引导其尽可能详细地回忆并重新审视曾经帮到他们的技巧和策略。在帮助对方的同时，你加强了与对方的合作，共同找到了适合当前谈判的策略。

记住，当你询问对方"你从前是如何成功处理这种事情的"时，首先需要理解"这种事情"指的是什么。"这种事情"是你从交流之窗第一个问题"告诉我"中得出的困难或目标，这意味着我们将回到"告诉我"这个问题的答案，确保我们已经明确困难或目标。在前文的案例中，雷切尔和尼克都对雷切尔努力工作的需要表示支持，同时渴望增进彼此的感情，他们一起找出了困难："我们如何在维护雷切尔事业心的同时抽出时间增进彼此的感情？"

一旦你明确了奋斗的目标或待解决的问题，回忆相关的成功往事就会帮你和对方找到可能在当前谈判中也能有效运用的具体策略。[5]在许多情况下，这个问题有助于加深你对当前困难的理解，并为你提供解决困难的思路。

让我们回到装修承包商史密斯和房主罗莎的故事。他们在罗莎多处公寓的装修工程上曾有愉快的合作，直到最近一次合作关系破裂，导致诉讼。假设他们坐在一起谈判，调解员问他俩："那么，直到最近一次合作关系破裂前，你们俩都很认可之前的合作。你们是如何使之前的合作如此成功的呢？"罗莎说："那些都是小工程，而且我和他在设计选择上花了更多时间交流。这次我很忙，他最后就给我挑了那些糟糕的储藏柜。"而史密斯说："通常我们会有一份书面合同，她总是会预付我 25% 的定金。由于我们已经一起做过不少项目，所以这次只是握手成交。这次合作她并未付给我定金或给予其他任何表示。我知道她的孩子要上大学，但是这又怎么能解释她拖欠定金呢？"

询问成功往事能为我们提供很多信息，不仅能够诊断当前症结所在，还能帮助当事双方懂得未来如何更好地合作。罗莎和史密斯其实就是他们自己过往成功的受害者，我们现在知道这次矛盾的产生不是因为个性上的激烈冲突，而是因为：（1）双方基于互信而未订立合约，结果事与愿违；（2）这次是大工程，比以往合作的项目都要大；（3）由于外部承诺，双方无法就设计选择有效沟通；（4）没有按照双方惯例支付定金。仅仅通过思考过去的成功因素，我们想到他们的成功之道可能在于订立合同并注明付款日期，以及留出共同挑选设计方案的时间。

回忆成功往事能够启动权力感

询问对方有关成功往事的第二个原因是这样做能够帮助对方

获得自信和动力，从而有助于解决你们共同的问题。记住，权力感或自信极其有助于谈判。

研究表明哥伦比亚大学商学院教授亚当·加林斯基（Adam Galinsky）和他的论文合著者所称的"权力感的启动"[6]，或是"诱导自己多少获得一些超乎寻常的权力感"[7]，是很有价值的。许多研究表明[8]，仅仅回忆过去拥有权力的时刻，就能在当下产生同样的权力感[9]。权力感的启动特别有助于我们面对谈判等充满挑战或压力的情况。[10]

回忆成功往事能启动权力感。在问题四中你对自己运用了这一方法，而现在你将用这个问题在对方身上达到同样的效果，你会让对方想起一段对他们来说很顺利的时光，从而帮助他们将目前的谈判置于一个积极的语境中。回忆成功往事有助于他们更积极地看待自己和目前的处境，这可能会帮你得到双赢的解决方案。

询问对手成功往事的原则

我在研讨会上向学生提出这个问题时，有时会被问到："你会真的想问自己的对手有关他们的成功往事吗？如果你们都想尽可能地从谈判中获取更多怎么办？"

首先，记住，谈判中的对手经常在达成交易后成为你的伙伴。

你是找老板要求加薪吗，还是在一家大型连锁商店为产品谈个好价钱并争取货架空间？你在试图让另一个国家同意在一份共同决议中使用你所希望的执行条款，还是倡导客户升级套餐从而更好地反映自身需要？这些情况大多需要你和对方在谈判桌上解决问题，而一旦谈判结束，你们可能需要再次合作。询问对方过去如何处理类似的情况能有效增加解决问题的备选方案，从而帮助你更好地挑选自己认可的解决方案。

其次，征求对方的意见并不代表你必须全部采纳这些意见。记住，你已经做了功课，理解了自身的目标、需要和想法，所以一旦你了解对方的想法，你就可以根据在心灵之镜阶段发现的一切来评估这些想法。这个问题能发挥的全部作用就是增加能够满足你需要的可能选项。如果对方提出一些不适合你的方案，你就能说清楚不合适的原因并提出替代方案。

即使你的谈判对手今后不会和你建立持续的关系，我也见过这个问题发挥巨大的作用。比如正在进行求职谈判的你和面试官就薪资问题产生分歧，这时候询问对方以前如何成功解决类似的顾虑可能会为你提供有用的信息。也许最后对方不会提供足够的薪酬让你接受这份工作，但如果对方向你提供了一笔诱人的培训和个人发展预算，你就可以询问你的下一位潜在雇主他们在这方面能提供哪些待遇。

最后，询问对手成功往事对建立融洽的关系也有好处。在谈判中把对手看作伙伴，你将增加对方使你受益的机会。

轮到你了：如何询问对方的成功往事

现在我们已经知道这个问题让人受益良多的原因，是时候将目光转向提问方式了，就像我们在上篇中为自己做的那样，我们将询问对方类似的成功往事。这次我们会通过交流之窗提问，以更好地了解对方及他们的想法。

"让飞机着陆"

在你询问成功往事后，请"让飞机着陆"。这个提醒意味着你在提出这个问题后要就此打住。我们想要避免的一些案例是："你从前是如何成功处理这种事的？那么去年的销售会议呢？""据我所知，你在……方面特别成功。"

享受沉默

你提出这个问题后，请为随之而来的沉默留足空间。允许对方花时间像梳理名片盒里的名片那样回忆往事，找出类似的成功经历。如果他们向你求助，那么请接着阅读并学习如何帮助。

后续跟进

你想要用一种让双方都能最大限度获益的方式跟进这个问题。在询问对方成功往事后,你希望为对方做你为自己所做的事,引导对方尽可能具体地描述成功往事和当时的感受。还记得我是如何要求你闭上眼并尽可能具体地描述成功往事的吗?这是什么感受?听起来像什么?尝起来是什么味道?你当时是什么姿势?在什么位置?我还要求你记住成功时刻到来前的所有铺垫:你的准备、想法、任务和情绪。

你这么做出于两点原因:一是上述信息很有用——记住成功往事会帮你再次获得成功;二是当你回忆成功往事时,研究表明你会在接下来的谈判中表现得更出色。[11] 当我询问人们成功往事的时候,我试图帮助他们尽可能生动具体地回忆这件事,而你也将对其他人这么做。怎么做呢?你将使用两个自己惯用的核心技巧——跟进和总结。

回顾你的笔记中对方告诉你的他们的成功往事。每次提出一个问题,使用"告诉我"的句式,比如说:"谢谢你提供的所有有用信息。你能告诉我更多有关培训和个人发展的预算吗?""史密斯和罗莎,你们能告诉我更多有关你们以前成功订立的合约细节吗?"然后总结:"听起来你在努力获得培训预算,并且成功了,对此你感到满意。你的大多数竞争者并没有培训预算,你成功地使自己的良好才能保持并发展。""听起来你明确地说出了报酬的数额和支付报酬的日期,以及设计风格上的偏好。"

若对方不能回忆起类似的成功往事怎么办

如果对方在回忆成功往事时遇到困难——可能会告诉你"这是我第一次碰到这个问题",那么记住,你仍然可以帮助他们,请他们回忆成功往事中是否有与你们当前讨论的情况的相似之处。通过这种方式,你可以帮助对方撒下一张更大的网去搜寻记忆中的成功往事,这可能会为对方解决当前问题提供有用的信息。

看一些案例,了解如何通过回忆一件相关的成功往事来帮助你谈判。比如你和老板正在处理一个问题:客户一开始似乎很满意,现在却质疑即将交付的整个项目,而这种事情第一次发生,那么你可以询问老板和客户他们是否有过在最后一刻挽救工作关系的成功经历,比如同事之间的关系。也许他们在那种情况下运用的技巧也能迁移到当前情况。

或者,假设史密斯和罗莎以前从未合作过,你可能会请他们回忆相关的成功往事。比如,你问史密斯:"你说你从未和罗莎合作过,那么你是如何与其他客户成功订立合同的呢?"再问罗莎:"你说你觉得关于设计的沟通欠缺,那么你是如何与其他装修承包商一道成功解决这一问题的呢?"

同样,如果你的伴侣很焦虑,因为你们之间出现了财务规划问题,而且这是你们第一次碰到这种问题,那么你可能会问:

"你觉得我们过去是如何成功解决彼此之间其他问题的呢？"这类问题将帮助对方超越眼下令人困扰的具体的不利情况，开拓新的有益信息来源。你将再次希望通过询问对方的感受跟进问题："如果我们能够解决这个问题，重归于好，你觉得怎样？"这将有助于人们保持积极的情绪，激发创造力，从而更好地解决面临的新问题。

如果你的谈判对手根本无法回忆起任何成功往事怎么办？就像你对自己做的那样，询问对方他们自认为获得成功的任何领域。我曾和一位职场教练交流，她告诉我她的一位客户曾经很难明确自己在合作中的个人目标。这位客户曾有一段时间离开职场，当时想重新找工作，但他一直抛出一些敷衍了事（甚至经常自相矛盾）的想法，随后又否定这些想法。这导致他和职场教练的合作并没有太大进展。这位客户甚至对更新简历或参加社交活动都感到困难。教练问他过去是如何成功做出职场决定，他愣住了，说自己并没有任何值得称道的成功往事，他基本上就是大学毕业后打过几份零工，然后就全职在家照顾孩子。

职场教练换了种方式："不要担心，这就是我们合作的原因——帮你尽快重返职场。生活中还有其他什么事情让你觉得成功吗？"客户羞怯地说："好吧，我想可能是我减重了70磅……而且没有反弹。5年前，我发现自己处于糖尿病前期，所以决定做出改变。"教练帮他回想了这一令人难以置信的改变，询问客户更多成功的做法，并观察到他的自信在增加。渐渐地，他们开始在客户的简历和职场目标方面取得进展。这件成功往事虽然和客户的职业生涯毫不相关，但仍能帮助他通过谈判达成目标。

总结并询问反馈

大多数人都喜欢别人听自己讲述成功往事，这一点儿也不奇怪，所以当我协助对方回忆成功往事时，我喜欢真的表现出自己倾听了所有的细节。比如，你的老板正面临紧急的重大客户问题，你没有先例可以参考，但你的老板告诉你一个她在紧急情况下处理过的内部案例。你可以这样总结："啊，如果不是您刚刚告诉我，我都不知道您与 X 同事和 Y 同事一起处理过如此重大的问题。我想这说明您在问题处理方面的成功——这里没有其他人知道这件事。总而言之，在这种情况下，这已经不是一个客户面临的问题，而是两个客户主管之间关于谁将对客户负责的问题。这个问题在最后时刻才出现。听起来您是把两位主管召集到一起，消除了邮件往来的误会，从而解决了问题。他们碰面后，您帮助他们关注到共同的目标，即给予这位客户尽可能优质的服务，同时在事业上取得进步。您倾听了他们的顾虑，让他们自信地感觉到自己的想法得到倾听。您还征求了他们的意见。最后，这次谈话帮助他们更好地认识了各自所承担的角色，而您能够维持原来的劳动分工。"

通过这种方式,你能够让老板对她自己在这件事的处理上产生良好的自我感觉,同时你也强调了老板采取的所有促成此事成功的具体行动。提出这些行动将极大地帮助你解决下一个(也是最后一个)问题——一个展望未来的问题。

通过询问反馈形成总结,你就可以确保自己没有任何遗漏。你可能还会像我一样,经常发现当你总结对方的成功往事时,对方可能会补充更多自己的贡献。比如,你的老板可能会说:"是的,没错,但我现在回忆起这件事,认为同样有帮助的是,在会议结束后,我联系了每位主管,感谢他们参加会议并帮我与这位客户找到解决方案。后续跟进为我们创造了更美好的感受,帮助我们一起面对未来那些压力重重的日子。"通过这种方式,你让对方自我感觉良好,产生更多的想法帮助你在谈判中取得成功。

注意对方没说出来的话

最后,你希望确保自己在提问时留意你所见到的肢体语言,注意对方姿势、表情或语气上的变化,这是最有用的。如果对方的肢体语言通常是在与你谈判时向后靠,那么对方突然坐直或者甚至前倾,就可能是一个积极参与的信号。对方的音调可能会上升,脸上会有更多笑容,或是眼睛睁得更大。记住,很多时候,我们的沟通是非口头的，如果你抓住了这些提示，你将从这个问题及看清他人的其他问题中收获更多，从而帮助你推进谈判。

总结

你刚刚和对方讨论了一件可能为你解决眼前挑战提供线索的成功往事。在最后一个问题中，你将整合所有线索，开始展望未来。在下一问题的结尾，你将准备好在未来取得最大的成功。

谈判策略 9
引导对方说出成功往事，能够帮助对方获得权力感和自信，这将助力谈判取得成功。

问题十　第一步是什么？

仅仅两年时间，戴维·格林沃尔德（David Greenwald）就带领他的法朗克律师事务所从关键员工满意度指标排名的后 2% 跃升到前 10%，同时生产率和工作时长均有增加。[1] 这些变化都始于出人意料的一步。

2013 年年底，戴维出任法朗克律师事务所的首席合伙人。上任伊始，他就发现有不少紧迫的问题摆在面前。[2] 戴维告诉我："我们的收入在下降，利润下降得更厉害。我们刚熬过了异常糟糕的一年，律所的财务表现非常差，这不光是今年的问题。当我回顾近 10 年甚至更早的时候，并将我们与行业内其他律所及其成长方式进行比较时，能明显发现法朗克律师事务所已经落后了。"

另一个重大问题是这家律所的非合伙律师满意度排名居于末位。在律所中，非合伙律师指那些既非合伙人也非所有者的律师。

在像法朗克这样的大型律所中，大多数律师是非合伙律师，通常非合伙律师人数是合伙律师人数的4倍甚至更多。[3] 这意味着如果多数非合伙律师对律所不满意，整个律所的大部分员工都不满意。

每年，《美国律师》杂志都会根据一连串指标对全美较大的律所进行排名[4]，其中一项指标就是中层非合伙律师——从业三年、四年或五年的非合伙律师的满意度[5]。整体满意度排名将非合伙律师对工作和薪酬待遇的满意度、合伙律师与非合伙律师的关系、培训指导、管理层对律所战略和成为合伙人机会的开放性、律所对无偿工作和计费工作的态度，以及非合伙律师未来两年不辞职的可能性等指标纳入考虑。[6]

2013年，在全美上榜的134家大型律所中，法朗克的非合伙律师满意度位列第132。[7]

戴维告诉我："我参加接下来的合伙人会议时说：'好吧，第一则好消息是我们已经没有退步的余地了，第二则好消息是我们有很大的进步空间。'"

观察了整个律所后，戴维能够察觉到法朗克的非合伙律师满意度问题不仅反映在排名上。"士气低落有多方面的表现。首先，人员流动率很高。现在的律所通常都存在频繁的人员流动[8]，其中一些是可预料的。问题是，这些离职的律师去了哪里？他们离开的原因是什么？是我们让这些律师带着不满离开的。他们不是回到家乡芝加哥,我们在那里没有办事处,或者从事另一种法律工作,比如在公司做法务,而是跑去其他律所。换句话说,这些律师希望能在大型律所里大显身手——只是不愿意留在法朗克工作。我们需要改变这一现状。"戴维还查看了律所的招聘数据,认为法朗克在这方面的表现同样不尽如人意。

在花了一段时间处理公司的问题之后,戴维开始着手改变非合伙律师和合伙律师之间的沟通文化,并从顶层做起。2015年年初,他建立了一年两次的员工大会机制[9],他在会上向所有非合伙律师阐述自己对律所存在的实质问题的看法,包括律所的战略问题。他还定期与规模较小的非合伙律师委员会成员会谈[10],每次会上,他做的第一件事就是问大家自己能采取哪些方法改善局面。在戴维会见非合伙律师并征求他们的想法后,终于在2015年春,《美国律师》杂志再次调查非合伙律师对法朗克律所的满意度时[11],法朗克的非合伙律师满意度从100名开外跃升至101家律所中的第16位[12]。

接着,非合伙律师们想出了一个完全出乎戴维意料的举措。多年来,非合伙律师们说他们一直建议律所的纽约总部设立一个只对非合伙律师开放的休息室,供这些律师在上班时间交流、工作和休息,然而他们的请求并没有得到任何回应。戴维抓住了这个机会。2015年9月15日,非合伙律师提出设立专用休息室的请求，律所合伙人几乎立刻批准了这一请求，并在感恩节前向全体员工宣布此事。数月后，即次年2月，专用休息室开放。

非合伙律师专用休息室里有什么呢？不过是一张足球游戏桌、一张乒乓球桌、一台大电视、休息用的软垫家具，以及零食和饮料。然而，这对非合伙律师有着重大的意义。戴维告诉我："这个休息室为律所和非合伙律师关系的改善发挥了巨大的作用。作为一种伙伴关系，这么做帮助我们建立了信誉，即他们要求什么，我们就很快回应。这不仅帮助我们建立了互信关系，还普遍提高了我们的讨论水平。以前，我认为非合伙律师习惯了被忽视的感觉，所以他们不会向我们提出实质问题，但现在我们可以谈论一切事务：律所的国际化战略、财务表现、多样性和审查程序。他们一旦获知自己的观点被予以考虑，会进一步提出更棒的问题并积极与我们沟通。"

戴维继续说："非合伙律师是律所的未来，他们是律所的绝大多数。总有一天，他们中会有一个人接替我的位置，所以他们非常重要。我们希望并且需要他们充满干劲儿并享有快乐，而专用休息室就是达成这个目标非常重要的第一步。"

2016年春，《美国律师》杂志再次调查非合伙律师对法朗克的满意度。这一次法朗克的非合伙律师满意度一举挺进榜单前十，获得第八名。[13]

更令人意想不到的是，非合伙律师不仅对律所更加满意，工作小时数也变得更长。2013—2016 年，非合伙律师对法朗克的满意度从垫底的 132 位到 94 家大型律所中的第 8 位，他们的工作小时数也至少增加了 10%。律所的财务状况也逐渐改善。[14] 2018 年，法朗克的权益合伙人人均利润历史上首次突破 300 万美元大关[15]，这一数字和 2013 年相比翻了一番。

一位记者曾采访戴维，询问他有关法朗克的转变。这位记者请求参观非合伙律师专用休息室，戴维告诉他："好啊，如果你愿意，我们可以去看看，但我没办法让咱俩进去，因为我的门卡没有通行权限。"记者感到难以置信，反问戴维："你是董事长，难道你不能打开律所的任意一扇门吗？"戴维解释说非合伙律师希望拥有一个只属于他们的空间。随后他们一起走到专用休息室门口，试了戴维的门卡，果然门没有开。戴维没有撒谎。

轮到你了

目前为止，你在谈判中已经涵盖很多方面：你询问了对方对目前情况的看法，研究了他们的顾虑和需要，还询问他们这些需要看起来是怎样的，你已经了解他们过去成功处理类似问题的方式，并收集了一些有用的信息。这是你通过交流之窗尽可能清楚地了解你和他们各自情况的最后机会，现在你将有机会要求他们展望未来，就像你之前做的那样。

在这个阶段，询问"第一步是什么"很重要，这个问题有助于你达成交易，帮助你尽可能多地想出解决方案。再次强调，倾听对方并不意味着你需要接受听到的全部。但是通过提问，你更容易让对方提出的方案及其变体，契合你在心灵之镜里发现的自我需要。

这个问题还能让你和对方作为谈判者在多方面受益。当你询问对方的想法时，你把他们当作谈判中的伙伴，这让对方更容易以同样的倾听和尊重回报你的想法。我们从心理学教授罗伯特·西奥迪尼处得知谈判中容易产生回馈行为[16]，意思是你对别人做了什么，对方就很可能会对你做同样的事[17]。向别人（特别是同事或爱人）征求意见时，给予了对方证明自身领导力的机会，也让彼此的联系产生了某种意义，这让他们无论是在办公室还是在家里，都会很高兴地做事。[18] 研究表明，通过询问对方的想法，你培养了斯坦福大学心理学家卡罗尔·德韦克所说的"成长型思维模式"[19]，这种思维模式会帮助你学习更多的知识，取得更大的成就。

最后，询问"第一步是什么"之所以很重要，是因为这个问题能激发动力，明确前进的道路，即使你现在并不知道接下来要采取的所有步骤。

询问"第一步是什么"有助于达成交易

在谈判中,我们的目标之一就是尽可能多地产生想法,并希望从中找到能帮助我们实现目标的那个想法。科学家们都明白在让人类生活得更美好的进程中,往往需要实践许多不成功的想法。布里斯托大学风湿病学教授约翰·柯万(John Kirwan)为了找出他23年实践过程中成功想法所占的比例,开始了一项研究。[20] 他曾在医学学术方面取得很多成功[21],大量成果被公开发表和同行援引。然而,他的许多想法都是错误的。[22] 他的研究表明,在他的档案里共有185个想法,其中75%最后都未发表。[23] 根据他自己的估计,只有2.7%的想法达到他设定的"非常好"的标准。[24] 柯万教授告诉《石英》(*Quartz*)杂志,尽管很多想法都被证明失败了,但他认为它们都有极其重要的价值:"我们需要认识到在科学领域,事实上可能是在生活的各个方面,我们都会有很多并不奏效的想法。[25] 一开始你不能辨别某个想法是否奏效——你需要花时间和精力去探索。[26] 这是一个必要的过程……我们并不是在浪费时间探索一些最后并不奏效的想法,我们是在创造好的想法。"

无论我们产生多少创新的想法,都不能自认为了解谈判伙伴对于未来的想法或可能拥有的想法。就像在上述戴维和法朗克的例子中,你可能会产生一个同时满足自身需要和他人需要的想法。

我认识的一些家长告诉我，他们在和孩子就电子产品使用问题进行谈判时，孩子会提出不少具有创造性的想法，比如：在卧室和餐厅设置高科技产品禁用区；启动"远离屏幕的周六"计划，这期间全家可以一起参加户外活动；通过建立一张家务或家庭作业表来更高效地安排时间。

即使谈判中有一方几乎拥有所需的全部专业知识，能够提出大量的备选方案，邀请另一方积极参与也能为交易的长期成功带来好处。比如，最近的研究和教学表明，医生与患者协商治疗方案，患者对治疗方案的依从性及疗效均有提高。[27] 在《纽约时报》的一篇文章中，杜鲁夫·库拉尔博士称："我们需要教医生谈判的艺术，医疗行业不再是医生给病人一个规定疗程[28]，病人就要遵循这个疗程，而是医生和患者协商治疗方案[29]，一起分析利弊，然后确定最佳治疗方案。"当医生就接下来的步骤征求患者意见时，患者不仅对医生更满意[30]，还更有可能坚持他们共同确定的治疗方案，从而实现更好的疗效，负担更低的医疗费用。

最后，在谈判中请求对方提出关注未来的想法能有效应对唱反调的人——总是反对你的意见而自己不提出任何想法的人。提出这个问题有助于他们更积极地参与寻找解决方案的过程。

询问"第一步是什么"对谈判者有益

询问"第一步是什么"还对谈判者有益。在决策过程中和他人形成伙伴关系不仅有利于短期成效（比如，开设非合伙律师专用休息室的想法实现起来花费不多，但极大地鼓舞了员工士气），还能带来长期收益（思考并解决充满挑战性的问题时，会有一帮心情愉悦、积极参与的非合伙律师像伙伴一样帮助你）。

即使一方对谈判主题具有更多的专业了解，询问另一方他们倾向的第一步行动也能为谈判双方带来好处。让我们回顾一下医生和患者的例子。医学研究表明，向患者展示备选方案清单[31]并询问患者的想法将提高患者对既定治疗方案的依从性[32]，从而改善医患关系。患者坚持治疗能节省相关的治疗费用，对医生来说，不仅提高了治愈率，还为医院和保险公司节省了开支。[33]在因患者不坚持治疗导致损失高达数十亿美元的今天[34]，请患者参与确定疗程为谈判双方都创造了巨大的利益[35]。

最后，征求对方对第一步的想法有利于增进谈判双方的关系。这不仅有利于建立同事之间的联系感[36]，而且适用于职场外的关系。专家们比以往任何时候都更热衷于研究健康人际关系的成因[37]，答案包括了同理心、回应伙伴顾虑和信任之类的品质，而在征求对方意见并真诚倾听答案的同时，你提高了所有品质。

征求对手的意见？

你思考自己的谈判方式时，也考虑一下谈判结束后自己需要在多大程度上与对方合作是很有意义的。大多数行业，无论规模大小，最终都感觉像是在一个社区，对行业的顶层来说更是这样。加布里埃尔·马图斯是著名体育经纪公司卓越体育管理公司的法律总顾问，他告诉我："我们行业的圈子小得惊人。你代理顶尖运动员时，会一次次和相同的人打交道。在诸如此类的专业服务领域，维护良好的人际关系很重要。"

征求对方意见是尊重和合作的信号，是建立互信的最后一步，而长期良性互利的伙伴关系正是基于互信。这让对方知道你对他们感兴趣，无论是于公还是于私。

最重要的一点是，在谈判中征求对方的意见通常不仅不会让你付出任何代价，而且会让你受益匪浅。

一步一个脚印地解决问题

一步一个脚印可以更全面地解决所有摆在桌面上的问题。即使你在谈话中产生很多想法，也可能想要先从一处入手，就像戴维开设非合伙律师专用休息室那样，他明白这一举动远不止建立一个供非合伙律师休闲的场所那么简单，而是具有象征意义：让非合伙律师们切实感受到律所对其意见的倾听与重视。

有时候你需要一步一个脚印地解决问题，也许目前只有一步是可行的，或者你可能想要或需要先尝试这一步，再继续下一步。

举例来说，美国大学生篮球联赛甲组运动员杰米饱受严重的背伤困扰——疑似腰椎间盘突出，休息后也没有好转，于是前往梅奥医学中心检查。[38] 医生和她及她的家人一起了解了一些可行的解决方案[39]：他们可以尝试保守的理疗，或是动手术。医生征求她和她的家人关于第一步的意见。[40] 杰米已经是大二的学生，她希望继续打比赛，完成高二篮球赛季的比赛。她觉得保守治疗能够帮助她完成心愿[41]，还能使她不留遗憾——确认动手术前他们已经尝试了所有办法。医生支持她的选择。[42] 最后杰米坚持接受理疗[43]，完成了这个赛季的比赛。后来她告诉梅奥医学中心的医生："我打完了整个赛季，一切都还好。我仍然背痛，但还能应付，足够我上场打比赛。理疗真的帮到了我。"[44] 在赛季临近尾声时，杰米做了一次磁共振，发现病情并无改变，于是选择动手术。[45] 理疗帮助了她，却没有消除她的长期病痛。[46] 采取第一步保守治疗帮助杰米和她的家人欣然接受下一步手术治疗[47]，手术的成功让杰米在秋季重返赛场[48]。

有时候，只要一步行动就能挽救生命。大约 10 年前，两名女士在我的陪同下前往布朗克斯法院的私人调解室面对面坐下，她们住在同一幢复式公寓，两人之间持续存在的矛盾已经升级到肢体冲突的地步，好几次她们的家人、牧师甚至警察都赶到冲突现场。大家都很担心会发生严重的暴力冲突，因此建议双方调解。

入座后，两位女士大胆直率地表示：如果现在的冲突继续，后果将不堪设想。其中一位女士告诉对方："你懂的，我能置你于死地，我想过这么做，但这样我会进监狱，我的孩子会被带走，因为没有亲戚收养他们，他们可能被送到儿童福利院，我不能让这一切发生。我们需要用另一种方式解决我们之间的矛盾。"很明显，双方不可能和解，更不可能欣然接纳彼此或成为好友。然而我们还是请双方设想如果将来不需要警察介入或蹲监狱，那么现在第一步将是什么。她们考虑了这个问题并同意不再伤害彼此。我们在双方牧师的祷告声中结束了这场调解，而她们开始了改变人生的关键一步。

现在开始思考如何提出这个问题

你该如何高效地提出这个问题？这里有一些方法供你参考，以免你缩小问题的范围或改变问题的性质：

· 我们第一步该做什么？
· 你认为此时我们的第一步是什么？

当你和对方高效沟通，或者意识到你们需要做的不止一步时，你可以尝试：

- 你对未来有什么想法？
- 你对如何推进此事有什么想法吗？

在本章节的最后部分，我将给你一些提示，帮助你用最得体的方式提出这个问题，然后解决一些可能产生的问题。

"让飞机着陆"

你刚才询问了对方的想法，现在请等待对方回答。这个问题可能会给你们双方带来意想不到的优质解决方案。

享受沉默

这是一个大问题，你正在请求对方参与你对未来的计划，对方也许已经做了功课，有了想法，但也有可能需要时间思考。我说的这个时间是指超过两秒的等待期。我见过许多谈判者在这里开始出错，他们提出了问题，等了两秒，然后提出另一个问题，或者开始自说自话，比如："你对推进此事有什么想法吗？我们应该从薪资开始吗？"千万不要这么做！即使你只是插入另一个问题，也会打断正在讨论的话题，对结果造成影响。如果对方需要帮助，他们会跟你提出来。不然的话，你就继续保持沉默。

后续跟进

如果对方抛给你一个想法，而你需要了解更多，那么"告诉我更多"将是一个良好的开端。如果对方的想法是模糊的，或者你并不确定如何实践这一想法，比如对方说"我希望能更好地和我们的客户沟通"，你就可以回到问题七——"你需要什么"，然后问对方："更好地和我们的客户沟通具体来说是怎样的？"

如果你碰到对方出言挑衅怎么办？我听过一个故事，在一场引人注目的法律谈判中，其中一方在被问及解决方案时说："我有个想法，你可以 ＿＿＿ 我的 ＿＿＿。"我不会把这个句子说完整，但已知的部分足以说明说话方不是在建议对方阅读他的方案或浇灌他的绿植。这种情况也曾不止一次地发生在我的身上。我在纽约城调解案件的时候，对一些唬人的话可谓司空见惯。一次，我在小额索赔法院询问谈判中的一方我们应该如何迈出第一步时，这一方当着对方的面告诉我："我给你一个方案，我会用电击枪 ＿＿＿ 他！"

我希望你不会陷入这种状况，但是如果真的碰到了，以下是我的处理建议。我只是简单地问一句："（电击他）有助于我们达成今天的目标吗？"如果我一直在倾听对方，我已经知道了他们的目标、需要和顾虑，就可以简单重复他们所说的需要，并询问这一新的想法如何帮助他们满足这一需要。如果他们告诉过我自己需要继续生活，我可能会说："你告诉我你的目标是让这件事翻篇，继续生活。电击他对你实现这一目标有何帮助？"

有时候，这个跟进问题足以赢得积极的回答。如果还不奏效，我建议暂时停止谈判，等待更有利的谈判时机。

总结并询问反馈

同样，你希望总结听到的话并询问反馈。有时候，在倾听自身想法被他人总结的过程中，人们会自我反思并做出改变。法朗克的非合伙律师在听戴维总结他们关于开设非合伙律师专用休息室的计划后，更有动力提出其他解决问题的方案——这有助于创造一种合作的文化。

注意对方没说出来的话

如前所述，你需要留意自己在问答过程中看到的所有肢体语言。比如，"如果我说错了，请你纠正，当我征求你的意见时，你看起来有些怀疑。你可能在想我是否诚心想听你的真实想法。我知道我们以前并没有很好地沟通，但是我想改善我们的沟通。

你的想法很重要。我不能保证我同意你说的所有观点，但是我绝对能保证自己会努力倾听"。

常见难处的解决

现在我们已经学习了如何提出这个问题，让我们讨论如何解决一些你在提问过程中可能碰到的问题。

如果这是一场集体谈判，你如何提出想法？

如果你正在进行集体谈判，不管是与家人、同事还是国家，你可能需要更仔细地考虑自己是如何形成想法的，而不是简单地当场询问别人。许多年来，人们认为头脑风暴的过程[49]（人们聚集在一起尽可能多地大声说出所有脑海里蹦出的想法）将达成最佳的创新结果[50]。然而，最近的研究表明头脑风暴产生的一些想法理解肤浅或华而不实，往往经不起进一步考验，经常失灵，在解决重要的或具有挑战性的问题时更是如此。[51] 你可能想到留出一些时间让人们思考，然后带着想法继续谈判。更好的想法往往来自独立思考后的小组讨论。[52] 我帮助人们设计谈判中的第一步时，通常会分别要求他们先独立思考形成想法，再碰面评估这些想法。

就这个问题而言，好消息是你已经超越那些在谈判中等到小组会议开始才有想法的人，你已经开始思考可能采取的第一步行动，你做了功课。现在，你通过邀请对方讨论可能采取的第一步行动来促使对方和你一样做功课。显然，你需要给对方一些思考的时间。

如果对方没准备好，怎么办？

当你提出这个问题时，对方可能并没有做好回答的准备，你要对此有心理准备。他们可能需要一些时间消化你提出的交流之窗中的四个问题和你总结的答案，那么你可以在他们做好准备后再约碰头讨论，或者和他们分享一些你的想法，然后请求通过后续交流了解他们的想法。

如果下一步行动看似无须思考，怎么办？

如果情况恰好相反，下一步行动看似无须思考，或是已经在流程中明确，怎么办？比如，你刚参加了一场人事部门的初试，被告知下一步是管理层的电话面试。换作我，我还是会问："对于我们的下一步，你可以告诉我更多信息吗？"你可能会惊讶于由此获得的额外信息，也许是面试的时间、考官的信息，甚至是求职的进展。通过提问，你还能给他人留下干劲儿十足、条理清晰的印象。尝试获取更多的信息总是有利的。

如果谈判中你是"小字辈",怎么办?

如果是上级会见下属的场合,而出于职责,你是那个被期望提供方案的下属,怎么办?如果你的经理事实上反问你:"第一步是什么?好吧,这难道不应该是你告诉我吗?"就像你处理之前的四个问题那样,你明白在对方说完后的第一件事就是总结,而不是跟进,所以你可能会说:"好的,我知道您想听我的想法,所以我在会前花时间思考了可能的下一步行动。我有一些想法,我非常愿意摆出来和您探讨。或者您可否分享一些初步想法,这样我就能更好地回应您的想法。看您方便。"

如果对方没有任何想法,怎么办?

如果你询问对方第一步行动时,对方头脑一片空白,怎么办?我会尝试几种办法,如果我和对方已经建立信任,我可能想更多地了解阻碍想法的"拦路虎",我会问:"是什么让你觉得这个问题很难回答?"给对方说出障碍的机会,就可能获得一些好的想法。

记住,不确定的时候,你总是可以尝试思考"最糟糕的想法"。告诉对方你有一个过去帮助你获得想法的窍门,然后问:"你(或者我们)可以采取的最糟糕的一步行动是什么?"有时候,知道什么是徒劳的,也就知道什么是有效的。

总结

恭喜你！你已经完成了所有 10 个问题。你比其他谈判者获得了更多的信息。在这么做的过程中，你可能甚至已经找到谈判的解决方案。现在你已经做好赢得谈判的一切准备。

谈判策略 10
询问对方"第一步是什么"对谈判有益，因为即使一方已充分了解谈判主题，询问另一方他们倾向的第一步行动也能为双方带来好处。

收入囊中：赢得谈判

祝贺你！你已经阅读完本书。到目前为止，你已经向自己提出 5 个开放式问题、听取了答案并总结了你发现的智慧，然后你问对方（可能是客户、朋友、伴侣或同事）5 个包罗万象的问题。你在倾听的同时留给对方叙述及你自己跟进和总结的空间，除掉了"拦路虎"，推进了彼此的关系。你比大多数谈判者和自己刚接触谈判时都更懂得如何谈判。

你可能会想："好的，我已经提出了问题。现在该怎么办？"现在是你采取下一步措施、引领未来的时候了。你在本书中学到的知识将让你在任何谈判中获益，无论是达成一笔交易、向客户推销产品、解决情感纠纷、让诉讼和解，还是实现个人的职业发展目标。

我撰写本书的一个原因是我知道提问是在每次谈判中创造终身价值的最佳方式，另一个原因是通过先后倾听自己和他人，你将准备好为自己和他人争取更多。我希望你使用本书中的提问方式，大胆提问，因为你的所需、所想、所知将会为你和他人创造价值。如何创造这些价值呢？请接着读。

整理你搜集的信息

本书有助于你提出正确的问题，从而在谈判中探索过去、理清现状并规划未来。书中的 10 个问题各有目的，现在你已经完成所有问题，你得到的信息如表 2 所示。

表 2

认知自我	看清他人
我对问题/目标的定义	对方对问题/目标的定义
我的需要/这些需要看起来是怎样的	对方的需要/这些需要看起来是怎样的
我的感受/顾虑	对方的感受/顾虑
我的成功往事	对方的成功往事
我的第一步	对方的第一步

表 2 能够很好地展示你在每个章节结尾所做的总结，或是你认为可能有益的任何信息。我已经在书末将这张表作为讲义加入（这张表也能从我的个人主页 alexcarterasks.com 上下载）。

我们很多人都属于视觉思维，因此，谈判中，在你面前有这样一份供你填写的讲义是很有用的。如果你和谈判桌上的另一方关系亲密，或者你试图在艰难的情况下与对方建立信任，你甚至可能会想把问题抛给他们，让他们知道你正在用新的方式交流。对一些人来说，坦率的行为本身（当着谈判对手的面分享你的笔记和工作）可能就是建立信任和向前推进的重要一步。

用这些问题设定成功的期望

我们知道那些关心期望的谈判者通常比那些关注损失的谈判者更成功。现在我会教你如何通过本书中的问题和答案确保你设定了合适的期望。

首先，我们知道期望基于自身的需要。[1] 在问题五中（"第一步是什么？"），我要求你回顾自己在问题二中提出的需要（"我需要什么？"），然后思考哪些行动将完全满足你的需要。现在你需要将两个答案放到一起看，你在问题五中采取的行动是否完全满足你的需要？如果不是，请让你的期望变得更多或者更强烈。

其次，你需要确保自己的期望是合理的[2]——看清他人中的问题会派上用场。可能的话，你会想把自己的需要和能找到的客观事物联系在一起[3]，比如在你开价前先看看差不多的房子，或是在给你的产品定价前检查经营成本。看看对方关于这 5 个问题的答案——他们对问题的定义、他们的需要、感情、成功和有关未来的想法，这些还让你知道了对方会如何思考你的提议。你的期望即使很高，也请确保能够至少通过其中一个问题的答案找到合理的依据。如果你的目标是加薪20%，而你老板的基本目标是在公司筹款的现阶段尽可能地减少现金流失，那么你可能会碰到障碍，除非你能够指出通过为你加薪能够满足其他需要（比如减少人员流动率），或者向老板证明为你加薪符合公司的短期筹款需要（比如在非核心岗位雇用更少的员工，或是通过提升你的身价在日后获得回报）。

沟通的三种制胜表达

当你产生想法和目标时，你会希望都表达出来，以谋求最大的成功。

"构建表达"是什么意思？当你表达自己的观点时，你其实在使用让很多摄影师和艺术家大获成功的技巧。你通过自己的语言构建画面感，让听者产生共鸣。你只有知道哪些主题、语言和观点能打动人心，才能向听众有效表达。

换句话说，如果你不先倾听对方，是不可能说服对方的。

构建表达至关重要，每位谈判者都应该知道并掌握这一关键技巧。假设你正在组织观点，解释你所在部门预算需要增加的原因。如果你诉诸各部门之间的公平性，而你的经理真正关心的是投资的预期收益，那么她多半不会答应你增加预算的请求。再比如你正努力劝说孩子尝试没有熟人的新活动，如果孩子的顾虑是担心第一次尝试看起来很傻，那么说服他通过参加新活动能够认识新朋友就不会奏效。

简单说，谈判中有三种制胜表达策略。

第一，尽可能地在提议时真正回应对方对有关问题的定义，以及对方的需要、顾虑和想法。比如，你希望赢得一个房屋翻新项目，试图说服房主为你的提案支付比竞价更高的酬劳，你会利用房主对品质、可靠性及耐久性的需要，让他们知道你将如何满足这些需要。再比如，你希望缩短孩子夜晚使用电子产品的时间，你可以告知他们你听说他们早上起床很费劲儿，晚上关闭屏幕有助于白天拥有充沛的精力。通过倾听对方，你会更好地理解他们处理信息的方式，从而尽可能有效地提出你的建议。

第二，让人们关心收益而非损失。研究表明人类倾向于避免损失[4]，这意味着相较于实现收益，我们更希望避免损失——关注损失将降低对方在谈判中的灵活性和妥协的意愿。打个比方，与其告诉你的两个员工："我知道你们是最好的朋友，但是我需要让你俩分开坐，因为我正尝试遏制办公室出现内部小团体的苗头。"不如说："你们都向我表达过希望在部门里认识更多人的愿望，这样有利于事业的发展。我已经帮你们挑了新位置，让你们和新同事一起工作，他们对你们未来的晋升很重要。"这两种表述都是真实的，但其中一种听起来让人沮丧，另一种则促人奋进。

第三，做到真实、清晰、直接。当你表达一个观点时，你希望展现最佳的一面，同时需要和实际情况保持一致。你的表达会引导听众将注意力转移到你希望强调的画面，但这并不意味着你可以向人们展现一幅白宫的图片，然后告诉他们看到的是吉萨金字塔。

做到清晰和直接不仅是引导关系的最佳方式，也是最能得到同情的方式。很多时候，我们掩饰了自己真实的感受和需要，导致谈话陷入僵局。比如，我们不会说"我非常抵触你谈论我的花销"，而是掩饰被冒犯的情绪，挑衅地说："实在可笑！是你建议我们去度假，现在反而开始谈论我的花销……"这将导致情绪升级，却不能触及问题的核心。直接的方式反而往往最有效，也就是表达你真实的意思。

坦率创造信任。这是心灵之镜和交流之窗的魔力，不是吗？你能够更清晰地看到自己和他人，而当你看得更清时，你表达得也更清晰。通过这种方式，你为对方提供了了解你的交流之窗。在帮助对方更好地理解你的提议的同时，你也获得了成功的最佳机会。

安排接下来的谈判时间

讨论完这些问题之后，你是否会当场提出方案或建议？有关是否推进谈判的决定部分取决于对一些相关因素的分析，比如你有多少时间。如果这是一个难得的机会，你可能会想试着推进谈判。而我会试着争取哪怕一个短暂的休息来整理思路、组织观点。

如果你的谈判对手和你有长期关系，比如同事、长期客户和伴侣，而你也没有迫切的时间压力，那么仅解决这些问题并获得对方提供的所有信息对一次会面来说已经足够成功。事实上，你可能非常需要花时间消化你获得的信息并思考你的推进方向。比如你可以感谢对方和你会面并分享他们的顾虑，向他们表达你的感激之情，告诉对方他们的话引发你的思考，顺势约定下一次会面的时间，运用你获得的信息推进谈判。

在决定推进还是暂缓谈判的过程中，你还应该考虑自己能否快速整合观点，或是需要在下一步行动前花时间反思。这对你的谈判对手来说同样成立。我与两种类型的老板合作过，其中一位总是说"我们就这么干"，而另一位会说"谢谢你告知我这些信息，让我们约个时间下周继续谈吧"。在这件事上，知己知彼会帮助你做出最佳决定。

最后，你还需要观察对方是否表现出疲劳的迹象。你们的谈话持续了多长时间？谈论了哪些话题？他们对这些问题的反应是怎样的，以及谈话结束时他们看起来感受如何？是精力旺盛，追问"接下来怎么做"，还是表现出疲劳的迹象？如果他们轻敲手表，或是不停查收邮件，这也许就是一个信号，表示自己离开工作一段时间后压力逐渐增加，而你需要另约时间提问，因为你需要对方全神贯注。

另外，请确认自己是否疲劳。谈判中的倾听需要极大的专注力，根据谈话的时长和谈话过程中出现的情绪，你可能需要在推进谈话前稍作休息。有时候我和学生们进行的调解练习会持续一天，而我们通常把这一天分解，上午谈过去，下午说未来，中间一起吃午饭。短暂的休息可以帮助我们所有人恢复专注力、重获精力，并开始着手解决问题。

如果你决定之后再会面，那么你需要通过以下做法结束这次会面。先总结取得的进展和获得的信息，再感谢对方敞开心扉的交谈及付出的时间和精力。如果你们任何一方承诺完成后续工作，比如在下次见面前收集一些信息或材料，请把这一点也加上。

破冰的建议

假设你在完成这些问题后决定推进谈判。在你向对方提出 5 个问题并对听到的答案进行总结后，对方可能会敞开心扉，问你一些同样的问题。比如，他们可能会在你询问他们的需要之后反问你的需要。如果他们这么做，你要有所准备。如果他们不问你问题，而是准备开始谈论未来，你可以让他们知道你已经为这次谈话做好准备，你的想法和提议都是有依据的。然后你可以按自己的意愿尽可能多地分享你的答案，并让这些答案构成你的提议。

当你精心构思提议时，你会拥有丰富的信息来帮助你成功完成此事。比如，你可能会找出对方的需要（问题七）和你的需要（问题二）吻合的地方，并以此设计让双方都满意的解决方案。在思考哪种解决方案能够使各方满意时，你也可以找出你对未来的愿景（问题五）和他们对未来的愿景（问题十）一致或互补的地方。如果你知道他们的感受（问题八），你可以考虑自己的感受（问题三）并思考如何用一种最有可能成功的方式提出建议。

如果谈话中出现了许多问题，你会优先处理哪一个？请看以下观点。

"先摘容易够到的果子。" 如果你们的第一步行动是一致的，那非常棒！如果你们都同意某件事，那就总结并提出它；如果你们就某个问题看法比较相似，就可以试着减少分歧、激发动力。

事实上，我帮助人们谈判时经常会在笔记中绘制表3。

表3

甲方	共同点	乙方
问题/目标的定义		问题/目标的定义
需要/看起来是怎样的		需要/看起来是怎样的
感受/顾虑		感受/顾虑
成功往事		成功往事
第一步行动		第一步行动

中间一栏用来记录我听到的共同点。如果双方都同意某种行动,那将成为激发动力的良好开端。

找到相同的需要或感受。双方相同的需要或感受也可以成为良好的开端。你可以在表3中找到相同的感受或顾虑,然后从共同点出发找到前进的道路。

需要重点关注:就某个问题,你们有共同的利益、感受或想法,但针对解决方案出现意见分歧的时候,比如你和所在部门的负责人都很担心员工被竞争对手挖走,你认为可以通过提供更多的远程工作机会留住员工,部门负责人则说:"只有提高员工的薪酬待遇才是有效的办法。"我发现这时候总结双方共同的感受或需要及满足需要的不同做法就很有效。你们可能会因此决定一起想出其他点子(比如调查员工的需要),然后优化解决方案。

关注短期问题。如果这是一次持续的谈判或一段长期的关系，你可能会花好几周乃至几个月的时间尝试一些方法，然后另外设定一个期限评估所用的方法及进展。比如，你正努力与伴侣沟通带孩子的问题，尝试一种方法并定期评估进展会很有帮助，这些方法可以是制定日程表、轮番上阵，甚至是使用秘密手势。如果你正在和一家新的产品分销商就存货或货架摆放问题进行谈判，你可能会从一项短期协议中收获更多，因为你相信客户将认可你的产品质量。

优先处理反复出现的问题。如果一种需要或感受反复出现，则需要你优先处理。尝试先处理一个问题，然后依次处理其他问题。比如，你所在的部门就是否聘用某人产生意见分歧，而招聘的过程让分歧双方都感到他们的意见被忽视，这时你可能需要优先解决招聘程序的问题，再来讨论是否聘用某人的问题。如果你正在和一位客户就大型网站设计项目进行谈判，而他们一直在谈论他们看到的你们公司缺乏沟通的种种事例，此时你就需要先解决沟通问题，再讨论项目的内容。

常见难处的解答

按照本书惯例，以下是一些解决常见障碍的建议，供你在准备结束谈判时参考。

如果开放式问题不奏效，怎么办？

有时候人们并没有准备好敞开心扉面对开放式问题，在这种情况下，我们需要建立联系或找到其他突破口。我永远不会忘记有一次带着学生诺娜去纽约市调解一桩关于旷课的案子，谈判双方是一对母子，母亲急切地希望儿子去上学，而青春期的儿子屡次旷课，到了影响正常毕业的程度。我们坐下调解，诺娜问了这位少年许多开放式问题，但是一无所获，对方只是耸肩并保持沉默。

随后，诺娜问这位母亲我们是否可以单独和她的儿子谈谈，没想到这位母亲立刻开始收拾自己的东西，说："很好，你们和他聊聊！可能他真的会告诉你们一些情况！"然后她就离开了调解室，让我们和她儿子单独相处。诺娜再一次问他开放式问题，还是没有得到任何回应。

最后，诺娜转动她的椅子，背朝着我，面对着这位少年。她凑近问："所以，基本上你是被迫来到这里的，对吗？"这不是一个开放式问题，但这个问题奏效了。他抬头看了看，结果还是耸了耸肩。不过现在他对诺娜产生了兴趣。诺娜继续说："我也是。那边是我的教授（用手指向我），她说如果我不能做到每周都来这里，我就无法通过这门课的考核。"这真是一步高招，这位少年开始吐露心声。当开放式问题不起作用时，诺娜找到了与对方之间的联系，并利用这一点打开了局面。如果你处于类似的困境，那就暂且搁置开放式问题，尝试和谈判对手建立情感联结和信任。当你们都准备好的时候，你总是可以回过头来提出开放式问题的。

"为什么你要这样说话？"

在我学会了本书中有关倾听的技巧之后，我的丈夫和我开始约会。如果关系中的另一方注意到你并没有像往常那样说话，怎么办？假如对方回应你的新开放式谈判风格时表现出不信任——"你是不是吃错药了啊"，或是狐疑地眨了眨眼……没关系！我的建议是做到坦诚，告诉你的爱人你正在做什么，以及这么做对你们的好处。你或许可以这么回应："你一点儿都没错，这不是我正常讲话的方式。我正在改善自己的沟通方式，更好地倾听身边的人。我打算从现在起尝试这么做。"而在工作场合，你或许可以这么说："我正在学习谈判及人们在职场实现良好沟通的方法。这次谈话非常重要，我希望用最有利于我们彼此的方式进行这次谈话。"

如果这完全不奏效，怎么办？

如果这些问题都不能帮你实现目标，怎么办？我曾在自己的调解课上遇到这样一名学生，在学期即将结束时，她交给我一篇周记，扉页上写着："这是我的周记，如果对您来说太私人化,我很抱歉。"现在我才知道这句话的含义:"这是我选修这门课程的真实原因。"她在周记中记录了患有自恋型人格障碍的母亲。她希望学习一项有助于其法律事业的技能,更重要的是想找到一种治愈她和母亲之间关系的办法。她告诉我她学到的开放式问题和总结技巧在明确自身目标和提高互动的安全性方面十分有效,但最终她和母亲之间的关系并没有得到改善。每次她明确了一项共同需要或提出一种改善关系的方式时,她母亲总是对目标表现得极为善变,她感觉母亲总是在变着法子和她闹矛盾。她问我是否有办法改善现状,或是指出她可能遗漏的环节。

我温和地指出她可能提出了一个不恰当的问题——也许这件事根本不受她的控制。也许她母亲因为某种原因需要这样的矛盾,并且拒绝为解决或转移矛盾做出努力。因此,她能做的就是利用心灵之镜中的问题明确自身的需要和界限,然后把这些诉求明确告诉她的母亲以确保自身安全。

这些都说明:要想让这些问题奏效,须满足一定的前提条件,这要求谈判中另一方是本着善意参与谈判的,该方既不能有人格障碍,也不能出于某些原因需要矛盾继续存在。不过即使碰到上述情况,提出这些问题仍然能获得巨大的价值。你明确了自己对问题的看法——你的需要、感受、成功往事及对未来的想法,你或许可以控制其中几个步骤,而且你现在正在解决问题。在意识到自己正在解决问题或矛盾的过程中,你还会获得满足感。如果你不尝试，就不会具备解决问题的意识。如果你尝试失败，而且不是因为以上任何原因，这也能成为有益的经验。现在你可以尝试明确另一种不涉及伙伴关系的相处模式。在这位学生的案例中，她用这些问题明确了自身需要，并且在她和母亲之间设置了界限。这并不是其理想的关系，但是她获得了更多的安全感，并且更容易接受现状。

最后几点思考

我撰写本书是为了教会你一些可以运用到日常谈判、改善生活中关系的技巧，从而改善生活质量。

这些技巧显然改善了我的生活质量。当我第一次学到你在本书中读到的技能时，我发现自己不仅谈判能力得到提升，还收获了幸福感。同时我感到自信，和身边的人的联系也更紧密。我还使用这些技能去争取我的一系列职场头衔——教授、调解员和教练。每天醒来时，我都知道自己正在完成来到人世间的使命。我撰写本书的目的是帮助你做同样的事，拥有同样的幸福感。我喜欢帮助人们实现他们的最高目标，看到他们和别人分享自己学到的知识。

在撰写本书的过程中，我带你回顾了我生命中的高潮和低谷。很多时候，撰写本书的过程就像是对着心灵之镜深情凝望。我这么做是有原因的，我以心灵之镜做示范，通过撰写本书助你更自由地和自己谈判。我想让你知道当你去争取更多的时候，你可以做完全真实的自己。这不仅是可行的，而且当你这么做时会收获最大的成功。

当我的谈判培训结束时，即使培训期只有一天，我都会告诉他们我已经把他们看作我的新同事。这是什么意思呢？这意味着你现在已经成为群体的一分子，这个群体尝试在别人的谈判中扮演协助者的角色，即使是为了达成别人的目标。这也意味着我希望你考虑一下，从这一刻起把我当成你的工作伙伴，保持联系，告诉我你将用所学知识做什么。这还意味着我希望你把自己学到的知识和生活中遇到的其他人分享。若你在谈判和关系中保持好奇心，你会看到其他人把你看作模范，然后做同样的事。通过这种方式，优秀的谈判者无论是在家庭里还是在工作中都会成为领袖。

致谢

这是最难写的一部分。从我获得撰写本书的灵感起到全书付梓的一刻,我得到家人、朋友和同事等一大群人的激励,我的一切源于你们的支持,本书中任何谬误都是我个人的责任。

衷心感谢我的导师卡罗尔·利布曼,是她第一次教我"用网捕鱼"。衷心感谢我遍布全美的调解员同事。

感谢我的编辑斯蒂芬妮·弗里希,是她在我们第一次通话时就告诉我这本关于谈判的书是她整个职业生涯一直期待的,而她也是我一直等待的知识合作伙伴。感谢西蒙与舒斯特出版公司的编辑团队:编辑金伯利·戈尔茨坦和安妮·克雷格,出版人乔纳森·卡普及编辑艾米莉·西蒙森。感谢我的艺术团队帮助我将本书带入视听领域:劳伦·皮雷斯、杰基·修和汤姆·斯佩恩。还要感谢西蒙与舒斯特出版公司的商务团队让本书帮助全世界的人们获取更多:凯利·霍夫曼、艾丽西亚·布兰卡托、玛丽·弗洛里奥和弗里莎·桑德斯。

感谢我的经纪人埃丝特·纽伯格和克里斯汀·本顿，由你们及 ICM 经纪公司作为我的代表让我感到很自豪。ICM 经纪公司是一家公开承诺在各级管理层实现两性平等的机构。

感谢我的毕业生、朋友和全方位灵感的来源克里斯汀·J. 弗格森帮助我反思本书的内容并完善书中的概念。如果说我赋予了本书生命，那你就是我的第一位助产士。感谢你为本书贡献想法。

感谢我在哥伦比亚大学法学院的同事，特别感谢院长吉莉安·莱斯特、副院长布雷特·迪克曼和所有同事。感谢哥伦比亚大学法学院的行政团队：布伦达·埃伯哈特、米歇尔·埃利斯、伊丽莎白·格洛德、米兰德·梅西尔和米士奇·斯旺。感谢那些慷慨付出时间阅读本书、向我提出建议、鼓励我的人，包括伊丽莎白·埃蒙斯、米歇尔·格林伯格–科布林、埃弗里·卡茨、莎拉·诺基、吉莉安·梅茨格、科琳·沙纳汉、苏珊·斯图姆和马修·韦克斯曼。感谢我的导师罗伯特·弗格森和路易斯·亨金对我的信任，我希望你们能看到本书，并且知道我把你们放在心上。还要感谢我一生的调解员同事肖恩·瓦茨，恕我不能在此全面列举他对我的帮助。

我教授的是世界上最好的学生。我要感谢哥伦比亚大学法学院学生团队在这个项目中贡献想法、参与编辑，对该项目报以始终如一的热忱：珍妮弗·Q. 安吉、戴维·S. 布莱克曼、阿格米拉·弗洛雷斯·冯、海蒂·L.古兹曼、欣蕊·亚历克斯·李和劳伦·马特洛克–科朗杰罗、阿伊莎·克里斯滕·麦克休、塞西莉亚·普拉扎、埃丝特·波提扬斯基、达纳·M.奎恩、柳信至和娜迪亚·优素福。特别感谢我的图书团队"船长"巴尔德马尔·冈萨雷斯、伊登·布雷塞·克拉凯格、凯特·卓云·李和海莉·凌，他们从一开始就参与其中。本书中随处可见你们的专业、编辑和用心。

感谢我的家庭，感谢你们的支持和建议，特别感谢比尔·卡特和卡埃拉·卡特为我的写作所做的铺垫工作。本书是书架上卡特系列作品的最新一部。我要感谢我的生母维拉·卡特为我树立了课堂和生活中的榜样。我要感谢我的父亲理查德·卡特培养我的勇气和坚韧，还要感谢我的继母尼基·卡特的鼓励。感谢我挚爱的兄弟姐妹：里奇和布里塔尼·卡特、约翰和凯蒂·卡特、斯科特和米歇尔·谢泼德，以及亨利·谢泼德。感谢我的叔叔和婶婶：伊丽莎白·基廷·卡特、凯瑟琳和丹尼尔·奥尼尔、亚历克斯和温迪·里奇，还有多姆·里奇。感谢我那些出色的表亲，包括布里奇特、克里斯蒂娜、丹、丹诺、珍妮、玛丽·弗朗西斯和萨布丽娜，感谢他们对我及本书出版的支持。还要感谢我已经过世的祖父母理查德和特蕾莎·卡特、弗朗西斯和蒂贝里奥·里奇，还有迪克·雷根。感谢我的姻亲汤姆和雷吉娜·伦布里奇、埃伦·伦布里奇和丹·阿谢德。

感谢我的好友在此期间一直鼓励我、支持我，包括唐·贝尔曼、保罗·鲍耶、珍妮弗·布里克、艾莉森·切哈诺沃、肖莎娜·艾森伯格、德博拉·恩格尔、埃莉丝·爱泼斯坦、露丝·哈特曼、玛利亚·鲁伦·赫尔曼、梅雷迪思·卡茨、雷什玛·凯特卡·丽莎·兰德斯、马西娅·勒博、玛丽·麦吉、劳拉·穆莫洛-柯林斯、梅拉妮·佩因文、迪娜·普雷塞尔、丽贝卡·普赖斯和梅根·赛克特。

关于本书的故事及对本书的反馈、建议、评论和支持，我要感谢许多人，这里恕我不能尽数，包括克丽丝蒂·布赖斯、凯特·布坎南、奥特姆·卡拉布雷西、朱莉·奇纳、丽莎·考特妮、路易斯·加莱戈斯、戴维·格林沃尔德、贾米拉·霍尔、珍妮特·斯通·赫尔曼、阿特·欣肖、基利·霍利迪、米拉·杰西、希瑟·卡斯丹、邦妮·劳、乔迪·利佩尔、舒瓦·曼德尔、丹妮尔和西莉亚·曼、加布里埃尔·马图斯、本·麦克亚当斯、朱莉·贾德·麦克亚当斯、杰米·迈耶、加里和苏珊娜·塞克斯顿、安德拉·夏皮罗、里图·夏尔马、谢里·斯帕拉加、乔治·M.索内夫、梅洛迪·坦、玛丽·泰鲁、阿纳斯塔希亚·齐乌尔卡斯、埃米·沃尔什、丹尼尔·韦茨、伊莱沙·威赛尔、霍恩·马克·L.沃尔夫和徐梅。

感谢我在联合国及联合国训练研究所的同事：助理秘书长尼基尔·赛斯、马可·苏阿索、佩拉约·阿尔瓦雷斯、琼斯·黑尔特、朱莉娅·梅西尔，等等，感谢他们参加了我们的课程并为本书贡献了他们的亲身经历。

感谢我遍布全球的朋友和同事的支持。在日本，我要感谢大使里卡多·阿利科克、国际基督教大学校长日比谷润子、迈克尔·河内和他的家人，以及我的其他在日本的亲人。在巴西，我要感谢我的调解员同事、朋友、巴西姐姐——销售伦理学教授莉莉娅·马娅·德莫雷斯·塞尔斯及其家人，古斯塔沃·费托萨教授，还有我在福塔莱萨大学的大家庭，包括已故的何塞·艾尔顿·维达尔·奎洛兹博士和校长法蒂玛·维拉斯。

感谢来自福捷公关公司的公关经理马克·福捷和梅利莎·康纳斯，感谢肯尼思·吉勒特和塔吉特数字营销公司的团队，以及来自七层工作室的布兰迪·伯诺斯基、埃尔莎·艾萨克、塔拉·劳伦、格雷戈里·帕特森和雷切尔·佐雷尔帮我将本书传播到世界各地。

本书呈现给您的每一个字都离不开新泽西州密尔本利夫面包店口感极佳的咖啡和面包，我的朋友伊兰娜和亚尼夫·利夫涅是这家店的店主。

还要感谢我所居住的社区——位于新泽西州枫木镇，感谢你在我撰写本书的过程中一如既往地深爱着我和我的家人。

注释

序言
1. Carl Sagan, *Cosmos* (New York:Random House, 1980), 193.
2. Leigh Thompson,*The Mind and Heart of the Negotiator* (New Jersey: Pearson/Prentice Hall, 2005), 77.
3. Ibid.
4. "Negotiation," *Macmillan Dictionary,* October 2, 2019, https://www.macmillandictionary.com/us/dictionary/american/negotiation#targetText=formaldiscussionsinwhichpeople,contractnegotiations.
5. "Negotiation," *Collins English Dictionary,* October 2, 2019, https://www.collinsdictionary.com/us/dictionary/english/negotiation.
6. Tasha Eurich, *Insight: The Surprising Truth About How Others See Us, How We See Ourselves,and Why the Answers Matter More Than We Think* (New York: Random House, 2017), 99–101; Thompson, 77.
7. James E. Campbell, *Polarized: Making Sense of a Divided America* (2016), 31; John Sides & Daniel J. Hopkins, *Political Polarization in American Politics* (2015), 23.
8. Wendy L. Bedwell, Stephen M. Fiore & Eduardo Salas, "Developing the Future Workforce: An Approach for Integrating Interpersonal Skills Into the MBA Classroom," *Academy of Management Learning and Communication* 13, no.2 (2013): 172.

上篇　认知自我：问自己 5 个问题
1. Tasha Eurich, *Insight: The Surprising Truth About How Others See Us, How We See Ourselves, and Why the Answers Matter More Than We Think* (New York: Random House, 2017), 154.

2　Ibid, 8.
3　Ibid.
4　Ibid.
5　Ibid.
6　Ibid, 11–13.
7　Ibid, 101.
8　Ibid, 98–102.
9　Karen Zraick & David Scull, "Las Vegas, Puerto Rico, Tom Petty: Your Tuesday Evening Briefing," *New York Times*, October 3, 2017, https://www.nytimes.com/2017/10/03/briefing/las-vegas-donald-trump-puerto-rico-tom-petty.html.
10　Eurich, 100.
11　"Study Focuses on Strategies for Achieving Goals, Resolutions," Dominican University of California, October 2, 2019, https://www.dominican.edu/dominicannews/study-highlights-strategies-for-achieving-goals.
12　Mark Murphy, "Neuroscience Explains Why You Need to Write Down Your Goals if You Actually Want to Achieve Them," *Forbes*, April 15, 2018, https://www.forbes.com/sites/markmurphy/2018/04/15/neuroscience-explains-why-you-need-to-write-down-your-goals-if-you-actually-want-to-achieve-them/#40a5f44e7905.

问题一　我想解决什么问题？

1　Erika Andersen, "Start the New Year Like Albert Einstein," *Forbes*, December 20, 2011, https:// www.forbes.com/sites/erikaandersen/2011/12/30/start-the-new-year-like-albert-einstein/#6f3d58dd3e12.
2　Fred Vogelstein, "The Untold Story: How the iPhone Blew Up the Wireless Industry," *Wired, January* 9, 2008, https://www.wired.com/2008/01/ff-iphone/.
3　Mic Wright, "The Original iPhone Announcement Annotated: Steve Jobs' Genius Meets Genius," TNW, September 9, 2015, https://thenextweb.com/apple/2015/09/09/genius-annotated-with-genius/.
4　Ibid.
5　Ibid.
6　Ibid.
7　Vogelstein, "The Untold Story: How the iPhone Blew Up the Wireless Industry."
8　Ibid.
9　Ibid.
10　Ibid.
11　Ibid.
12　Ibid.
13　Peter Cohan, "How Steve Jobs got ATT to Share Revenue," *Forbes*, August 16, 2013, https://www.forbes.com/ .sites/petercohan/2013/08/16/how-steve-jobs-got-att-to-share-revenue/#527ef4f0391c.
14　"5 Years Later: A Look Back at the Rise of the iPhone," Comscore, June 29, 2012,

https://www.comscore.com/Insights/Blog/5-Years-Later-A-Look-Back-at-the-Rise-of-the-iPhone.
15 Kevin Ashton, "How to Fly a Horse: The Secret of Steve," October 2, 2019, http://howtoflyahorse.com/ the-secret-of-steve/.
16 "The Problem," Attendance Works, Oct. 2, 2019, https://www.attendanceworks.org/chronic-absence/the-problem/.
17 Ibid.
18 Ibid.
19 Emily S. Rueb, "Schools Find a New Way to Combat Student Absences: Washing Machines," *New York Times*, Mar. 13, 2019, https://www.nytimes.com/2019/03/13/us/schools-laundry-rooms.html.
20 Ashton, "How to Fly a Horse: The Secret of Steve."
21 John Kennedy, "Darrell Mann: 98pc of Innovation Projects Fail, How to Be the 2pc that Don't," *Silicon Republic,* February 23, 2013, https://www.siliconrepublic.com/innovation/darrell-mann-98pc-of-innova-tion-projects-fail-how-to-be-the-2pc-that-dont.
22 Erik van Mechelen, "Substituting a Hard Question for an Easier One: Daniel Kahneman's *Thinking*, Fast and Slow," *Yukaichou* (blog), October 2, 2019, https://yukaichou.com/ behavioral-analysis/substituting-hard-question-easier-one-daniel-kahnemans-thinking-fast-thinking-slow/.
23 Michael Cooper, "Defining Problems: The Most Important Business Skill You've Never Been Taught," *Entrepreneur,* September 26, 2014, https://www.entrepreneur.com/article/237668.
24 Ibid.
25 Andrea Kupfer Schneider, "Aspirations in Negotiations," *Marquette Law Review* 87, no. 4 (2004): 675.

问题二　我需要什么？
1 Sheiresa Ngo, "The Real Difference Between Needs and Wants Most People Ignore," Cheatsheet, November 6, 2017, https://www.cheatsheet.com/money-career/real-difference-between-needs-and-wants-people-ignore.html/.
2 Sidney Siegel & Lawrence E. Fouraker, *Bargaining and Group Decision Making* (New York: Mc-Graw-Hill, 1960), 64.
3 G. Richard Shell, *Bargaining for Advantage: Negotiation Strategies for Reasonable People* (New York: Viking, 1999), 30–34.
4 Andrea Kupfer Schneider, "Aspirations in Negotiations," *Marquette Law Review* 87, no. 4 (2004): 676.
5 Ibid, 34.
6 Abraham H. Maslow, "A Theory of Human Motivation," *Psychological Review* 50, no. 4 (1943): 394–395.
7 Edith M. Lederer, "UN: Conflict Key Cause of 124 Million Hungry Who Could

Die," AP News, March 23, 2018, https://www.apnews.com/c37f7a8da9cc4e-aebf3fe7c48711aa37.
8 Ibid.
9 Ibid.
10 Ibid.
11 Annie McKee, *How to Be Happy at Work: The Power of Purpose, Hope, and Friendship* (Boston: Harvard Business Review Press, 2018), 13.
12 "Respect," *Merriam-Webster*, October 16, 2019, https://www.merriam-webster.com/dictionary/respect.
13 John Mordechai Gottman & Nan Silver, *The Seven Principles for Making Marriage Work* (New York: Random House, 1999), 29–31, 65–66.
14 Ibid., 27.
15 Robert Cialdini, "The Six Principles of Successful Workplace Negotiation," Controlled Environments, September 4, 2015.
16 Ibid; Jeswald Salacuse, "The Importance of a Relationship in Negotiation," Program on Negotiation, Harvard Law School, June 18, 2019, https://www.pon.harvard.edu/daily/ negotiation-training-daily/negotiate-relationships/.
17 Bert R. Brown, "Saving Face," *Psychology Today* 4, no. 12 (May 1971), 56–57.
18 "Dignity," *Merriam-Webster*, October 16, 2019, https://www.merriam-webster.com/dictionary/dignity.
19 Jonathan M. Mann, "Dignity, Well-Being and Quality of Life," in *Longevity and Quality of Life: Opportunities and Challenges*, ed. Robert N Butler & Claude Jasmin (New York: Kluwer Academic, 2000), 149.
20 Roger Fisher & Daniel Shapiro, *Beyond Reason: Using Emotions as You Negotiate* (New York: Viking Penguin, 2005), 211.
21 Ibid; Sue Grossman, "Offering Children Choices: Encouraging Autonomy and Learning While Minimizing Conflicts," *Early Childhood News*, October 16, 2019, www.earlychildhoodnews.com/earlychildhood/article_view.aspx?ArticleID=607.
22 Evelyn J. Hinz, *The Mirror and the Garden: Realism and Reality in the Writings of Anaïs Nin* (1973), 40.

问题三　我的感受是什么？

1 Jim Camp, "Decisions are Largely Emotional, Not Logical: The Neuroscience Behind Decision-Making," Big Think, June 11, 2012, https://bigthink.com/experts-corner/decisions-are-emotional-not-logical-the-neuroscience-behind-decision-making.
2 Antonio Damasio, *Descartes' Error: Emotion, Reason, and the Human Brain* (New York: G.P. Putnam, 1994), 38-39, 50, 63.
3 Jonah Lehrer, "Feeling Our Way to Decision," *Sydney Morning Herald*, February 28, 2009, https://www.smh.com.au/national/feeling-our-way-to-decision-20090227-8k8v.html.

4 Barbara L. Friedrickson, "What Good are Positive Emotions?," *Review of General Psychology* 2, no. 3 (1998): 300.
5 Christopher Bergland, "How Does Anxiety Short Circuit the Decision-Making Process?," *Psychology Today*, March 17, 2016, https://www.psychologytoday.com/us/blog/ the-athletes-way/201603/how-does-anxiety-short-circuit-the-de-cision-making-process.
6 Jessica J. Flynn, Tom Hollenstein & Allison Mackey, "The Effect of Suppressing and Not Accepting Emotions on Depressive Symptoms: Is Suppression Different for Men and Women?," *Personality and Individual Differences* 49, no. 6 (2010): 582.
7 Brené Brown, "List of Core Emotions," March 2018, https://brenebrown.com/wp-con-tent/uploads/2018/03/List-of-Core-Emotions-2018.pdf.
8 John F. Kennedy, "Inaugural Address," CNN, January 20, 1961, http://www.cnn.com/2011/ POLITICS/01/20/kennedy.inaugural/index.html.
9 Barbara Fredrickson, "Are you Getting Enough Positivity in Your Diet?," *Greater Good Magazine*, June 21, 2011, https://greatergood.berkeley.edu/article/ item/are_you_getting_enough_positivity_in_your_diet
10 Meina Liu, "The Intrapersonal and Interpersonal Effects of Anger on Negotiation Strategies: A Cross-Cultural Investigation," *Human Communication Research* 35, no. 1 (2009): 148–69; Bo Shao, Lu Wang, David Cheng & Lorna Doucet, "Anger Suppression in Negotiations: The Roles of Attentional Focus and Anger Source," *Journal of Business & Psychology* 30, no. 4 (December 2015): 755.
11 Program on Negotiation Staff, "Negotiation Strategies: Emotional Expression at the Bargaining Table," Harvard Law School Program on Negotiation: Daily Blog, June 6, 2019, https://www.pon.harvard.edu/daily/nego-tiation-skills-daily/emotional-expression-in-negotiation/.
12 Jeff Falk-Rice, "In Negotiations, A Little Anger May Help," Futurity, March 15, 2018, https:// www.futurity.org/anger-in-negotiations-emotions-1704482/.
13 Keith G. Allred, John S. Mallozzi, Fusako Matsui & Christopher P. Raia, "The Influence of Anger and Compassion on Negotiation Performance," *Organizational Behavior and Human Decision Processes* 70, no. 3 (June 1997): 177.
14 Mithu Storoni, "It Pays to Get Angry In a Negotiation—If You Do It Right," *Inc.*, May 11, 2017, https://www.inc.com/mithu-storoni/it-pays-to-get-angry-in-a-ne-gotiation-if-you-do-it-right.html.
15 Alison Wood Brooks & Maurice E. Schweitzer, "Can Nervous Nelly Negotiate? How Anxiety Causes Negotiators to Make Low First Offers, Exit Early, and Earn Less Profit," *Organizational Behavior and Human Decision Processes* 115, no. 1 (May 2011): 51.

问题四 我从前是如何成功处理这种事的？
1 Joris Lammers, David Dubois, Derek D. Rucker & Adam D. Galinsky, "Power

Gets the Job: Priming Power Improves Interview Outcomes," *Journal of Experimental Social Psychology* 49, no. 4 (July 2013): 778.
2　Ibid.
3　Kimberlyn Leary, Julianna Pillemer & Michael Wheeler, "Negotiating with Emotion," *Harvard Business Review*, January–February 2013, 96, 99, https://hbr.org/2013/01/negotiating-with-emotion.
4　Theresa Amabile & Steven Kramer, *The Progress Principle: Using Small Wins to Ignite Joy, Engagement, and Creativity at Work* (Boston: Harvard Business Review Press, 2011), 69.
5　Leary et al., "Negotiating with Emotion."

问题五　第一步是什么？
1　Mei Xu, "Chesapeake Bay Candle: Mei Xu," interview by Guy Raz, *How I Built This*, NPR, March 6, 2017, Audio, 10:16, https://www.npr.org/2017/03/06/518132220/chesapeake-bay-candle-mei-xu.
2　"Chesapeake Bay Candle," Newell Brands, October 10, 2019, https://www.newellbrands.com/our-brands/chesapeake-bay-candle.
3　Brad McRae, *Negotiating and Influencing Skills: The Art of Creating and Claiming Value* (California: SAGE Publications, 1998), 19.
4　Ibid.
5　Ibid.
6　Ibid.
7　Ibid.
8　Ibid.
9　Ibid.
10　Ibid.
11　Ibid.
12　Ibid.
13　Ibid.
14　Ibid.
15　Ayse Birsel, "Your Worst Idea Might Be Your Best Idea," *Inc.*, February 16, 2017, https://www.inc.com/ayse-birsel/your-worst-idea-might-be-your-best-idea.html.
16　Ibid.
17　John Geraci, "Embracing Bad Ideas to Get to Good Ideas," *Harvard Business Review*, December 27, 2016, https://hbr.org/2016/12/embracing-bad-ideas-to-get-to-good-ideas.
18　"Reverse Thinking: Turning the Problem Upside Down," Post-it, 3M, October 6, 2019, https://www.post-it.com/3M/en__US/post-it/ideas/articles/reverse-thinking/.

下篇　看清他人：问对方 5 个问题
1　Ernest Hemingway, "Quotes," Goodreads, October 6, 2019, https://www.

goodreads.com/quotes/1094622-when-people-talk-listen-completely-don-t-be-thinking-what-you-re.
2 Ibid.
3 Will Tumonis, "How Reactive Devaluation Distorts Our Judgment," *Ideation Wiz*, December 17, 2014, https://www.ideationwiz.com/reactive-devalu-ation/.
4 Ralph G. Nichols & Leonard A. Stevens, "Listening to People," *Harvard Business Review*, September 1957, https://hbr.org/1957/09/listening-to-people.
5 Leigh Thompson, *The Mind and Heart of the Negotiator* (Upper Saddle River, NJ: Pearson/Prentice Hall, 2005), 77.
6 Michael Suk-Young Chwe, *Jane Austen, Game Theorist: Updated Edition* (Princeton, NJ: Princeton University Press, 2013), 188.
7 Sharon Myers, "Empathic Listening: Reports on the Experience of Being Heard," *Journal of Humanistic Psychology* 40, no. 2 (2000): 171.
8 Stephen R. Covey, *The 7 Habits of Highly Effective People: Powerful Lessons in Personal Change* (New York: Simon & Schuster, 1989), 239–40.
9 Allan & Barbara Pease, "The Definitive Book of Body Language," *New York Times*, September 24, 2006, https://www.nytimes.com/2006/09/24/ books/chapters/0924-1st-peas.html; Albert Mehrabian: Silent Messages: Implicit Communication of Emotions and Attitudes (Belmont, CA: Wadsworth Publishing Co., 1981).
10 Chwe, *Jane Austen, Game Theorist: Updated Edition*, 17.
11 Ibid.
12 Carol Kinsey Goman, "How to Read Business Body Language Like a Pro-5th Tip," *Forbes*, December 28, 2012, https://www.forbes.com/sites/carolkinseygoman/2012/12/28/how-to-read-business-body-language-like-a-pro-5th-tip/#54e7b7a463b5.

问题六 告诉我……
1 Libby Coleman, "There's a Reason He's the Highest-Ranking Dem in Utah," Ozy, February 20, 2017, https://www.ozy.com/politics-and-power/theres-a-reason-hes-the-highest-ranking-dem-in-utah/75784.
2 Lee Davidson, "It's Over. Democrat Ben McAdams Ousts Republican Rep. Mia Love by 694 Votes," *Salt Lake Tribune*, November 21, 2018, https://www.sltrib.com/news/politics/2018/11/20/its-over-democrat-ben/.
3 Coleman, "There's a Reason He's the Highest-Ranking Dem in Utah."
4 Ibid.
5 Jared Page, "Ben McAdams Quiets Critics with Willingness to Listen, Compromise," *Deseret News*, August 12, 2012, https://www.deseretnews.com/article/865560557/Ben-McAdams-quiets-critics-with-willingness-to-listen-compromise.html.
6 Jesse McKinley & Kirk Johnson, "Mormons Tipped Scale in Ban on Gay Marriage," *New York Times*, November 14, 2008, https://www.nytimes.com/2008/11/15/

us/politics/15marriage.html.
7 Page, "Ben McAdams Quiets Critics with Willingness to Listen, Compromise."
8 Page; "Buttars Shames LDS Church," *Deseret News*, January 30, 2006, https://www.deseret.com/2006/1/30/19935132/buttars-shames-lds-church.
9 Ibid.
10 Ibid.
11 Ibid.
12 Ibid.
13 Ibid.
14 Ibid.
15 Alison Wood Brooks & Leslie K. John, "The Surprising Power of Questions," *Harvard Business Review*, May–June 2018, 60, 64, https://hbr.org/2018/05/the-surpris-ing-power-of-questions.
16 Douglas Stone, Bruce Patton & Sheila Heen, *Difficult Conversations* (New York: Penguin Books, 2010), 16–20.
17 "Assemblywoman Mila Jasey Named Deputy Speaker of General Assembly," *The Village Green*, September 22, 2016, https://villagegreennj.com/towns/assem-blywoman-mila-jasey-named-deputy-speaker-general-assembly/.
18 "NJSBA Applauds End of Unnecessary Superintendent Salary CAP," New Jersey School Boards Association, July 20, 2019, https://www.njsba.org/news-publications/press-releases/njsba-applauds-end-of-un-necessary-superintendent-salary-cap/.
19 Joe Hernandez, "N.J. Considers Eliminating Cap on Superintendent Pay," Whyy, June 10, 2019, https://whyy.org/articles/n-j-considers-eliminating-cap-on-superintendent-pay/.
20 Jolie Kerr, "How to Talk to People, According to Terry Gross," *New York Times*, November 17, 2018, https://www.nytimes.com/2018/11/17/ style/self-care/terry-gross-conversation-advice.html.
21 Ibid.

问题七 你需要什么?

1 Charles Vincent, Magi Young & Angela Phillips, "Why Do People Sue Doctors? A Study of Patients And Relatives Taking Legal Action," *The Lancet* 343, no.8913 (June 1994): 1611–13.
2 Katie Shonk, "Principled Negotiation: Focus on Interests to Create Value," Program on Negotiation, Harvard Law School, May 9, 2019, https://www.pon.harvard.edu/daily/negotiation-skills-daily/principled-negotiation-focus-interests-create-value/; Douglas Stone, Bruce Patton & Sheila Heen, *Difficult Conversations* (Penguin Books, 2010), 210–216.
3 "Interviewing Skill De-velopment and Practice," *Georgia Division of Family and Children Services*, March 2007, 10, dfcs.dhr.georgia.gov/sites/dfcs.georgia.

gov/files/imported/DHR-DFCS/DHR_DFCS-Edu/Files/PG_ intermediate%20 interviewing_rev03-07.pdf.

问题八 你的顾虑是什么？

1. Caroline Cenzia-Levine, "Stuck in a Negotiation? Five Steps to Take when You Hear No to Your Request," *Forbes*, August 12, 2018, https://www.forbes.com/sites/carolinecenizalevine/2018/08/12/stuck-in-a-negotiation-five-steps-to-take-when-you-hear-no-to-your-request/#69a7aea2737c.
2. PON Staff, "Negotiating Skills: Learn How to Build Trust at the Negotiation Table," *Program on Negotiation, Harvard Law School,* September 9, 2019, https://www.pon.harvard.edu/daily/dealmaking-daily/dealmaking-negotiations-how-to-build-trust-at-the-bargaining-table/; Ilana Zohar, " 'The Art of Negotiation' : Leadership Skills Required for Negotiation in Time of Crisis," *Procedia - Social and Behavioral Sciences* 209 (July 2015): 542.
3. Alison Wood Brooks, "Emotion and the Art of Negotiation," *Harvard Business Review*, December 2015, https://hbr.org/2015/12/emotion-and-the-art-of-negotiation?referral=00060.

问题九 你从前是如何成功处理这种事的？

1. Paul E. Smaldino & Peter J. Richerson, "The Origins of Options," *Frontiers in Neuroscience*, April 11, 2012, https://www.frontiersin.org/articles/10.3389/fnins.2012.00050/full.
2. Ibid.
3. Joris Lammers, David Dubois, Derek D. Rucker & Adam D. Galinsky, "Power Gets the Job: Priming Power Improves Interview Outcomes," *Journal of Experimental Social Psychology* 49, no. 4 (2013): 778.
4. Ibid.
5. Smaldino & Richerson, "The Origins of Options."
6. Lammers, Dubois, Rucker & Galinsky, "Power Gets the Job: Priming Power Improves Interview Outcomes," *Journal of Experimental Social Psychology* 49, no. 4 (2013): 778.
7. "Business School Professor Explores the Effects of Power," *Columbia News*, June 28, 2013, https://news.columbia.edu/news/business-school-professor-explores-effects-power.
8. Ibid.
9. Pamela K. Smith & Yaacov Trope, "You Focus on the Forest When You're in Charge of the Trees: Power Priming and Abstract Information Processing," *Journal of Personality and Social Psychology* 90, no. 4 (2006): 580 ("Priming power should function in the same manner as actually experiencing it. Like any other concept, power is linked in memory to a host of characteristics and behavioral tendencies.").

10 Alain P.C.I. Hong & Per J. van der Wijst, "Women in Negotiation: Effects of Gender and Power on Negotiation Behavior," *Negotiation and Conflict Management Research,International Association for Conflict Management* 6, no. 4 (2013): 281.
11 PON Staff, "Power in Negotiation: The Impact on Negotiators and the Negotiation Process," *Program on Negotiation*, Harvard Law School, July 25, 2019, https://www.pon.harvard.edu/daily/negotiation-skills-daily/how-power-af-fects-negotiators/.

问题十 第一步是什么?

1 Meghan Tribe, "Fried Frank Keeps Up Growth, Doubling Partner Profits over Five-Year Span," *The American Lawyer*, March 21, 2019, https://www.law.com/americanlawyer/2019/03/21/fried-frank-keeps-up-growth-doubling-partner-profits-over-five-year-span/.
2 Leigh McMullan Abramson, "Top Goldman Lawyer Helped Turn Around a Struggling Law Firm," *Big Law Business*, July 15, 2016, https:// biglawbusiness.com/top-goldman-lawyer-helped-turn-around-a-struggling-law-firm.
3 "The Responsibility Factor, AKA the Partner-Associate Ratio," Chambers Associate, October 10, 2019, https://www.chambers-associate.com/law-firms/partner-associate-leverage.
4 "Surveys & Rankings," *The American Lawyer*, October 10, 2019, https://www.law.com/americanlawyer/rankings/.
5 ALM Staff, "Which Firms Keep Midlevel Associates Happiest? The 2019 National Rankings," *The American Lawyer*, August 26, 2019, https://www.law.com/americanlawyer/2019/08/26/where-are-midlevel-associ-ates-happiest-the-2019-national-rankings/.overall.
6 Ibid.
7 "The 2013 Associate Survey: National Rankings," *The American Lawyer*, September 1, 2013, https://www.law.com/americanlawyer/ almID/1202614824184/.
8 Sam Reisman, "Turnover High At Many Firms Despite Greater Pay, Benefits," *Law*360, October 18, 2017, https://www.law360.com/articles/975882/turn-over-high-at-many-firms-despite-greater-pay-benefits.
9 Dearbail Jordan, "How to Revive a Law Firm," *The Lawye*r, December 5, 2016, https://www.friedfrank.com/files/PressHighlights/TL%20-%20 Feature%20Fried%20Frank%20-%20reprint.pdf
10 Ibid.
11 "The Best Places to Work," *The American Lawyer*, August 24, 2015, https://www.law.com/americanlaw-yer/almID/1202735469012/.
12 Ibid.
13 MP McQueen, "Survey: Midlevel Associates are Happier Than Ever," *The American Lawyer*, September 1, 2016, https://www.law.com/americanlawyer/

almID/1202765213979/ Survey-Midlevel-Associates-Are-Happier-Than-Ever/.
14 Tribe, "Fried Frank Keeps Up Growth, Doubling Partner Profits over Five-Year Span."
15 Ibid.
16 Robert Cialdini, "The Six Principles of Successful Workplace Negotiation," Controlled Environments, September 4, 2015.
17 Ibid.
18 Annie McKee, "The 3 Things You Need to Be Happy at Work," *Annie McKee*, September 5, 2017, www.anniemckee.com/3-things-need-happy-work/.
19 Carol S. Dweck, *Mindset: The New Psychology of Success* (New York: Random House, 2006), 7.
20 Corinne Purtill, "Exactly How Many Bad Ideas Does It Take to Produce a Good One? One Scientist Tried to Find Out," *Quartz*, Aug. 30, 2017, https://qz.com/1062945/the-value-of-bad-ideas-according-to-a-scientist/.
21 Ibid.
22 Ibid.
23 Ibid.
24 Ibid.
25 Ibid.
26 Ibid.
27 Kelly B. Haskard Zolnierek & M. Robin DiMatteo, Physician Communication and Patient Adherence to Treatment: A Meta-Analysis, *Medical Care* 47, no. 8 (August 2009): 826–834.
28 Dhruv Khullar, "Teaching Doctors the Art of Negotiation," *New York Times*, January 23, 2014, https://well.blogs.nytimes.com/2014/01/23/teaching-doctors-the-art-of-negotiation/.
29 Ibid.
30 Ibid.
31 Floyd J. Fowler Jr., Carrie A. Levin & Karen R. Sepucha, "Informing and Involving Patients to Improve the Quality of Medical Decisions," *Health Affairs* 30, no. 4 (2011): 699–700.
32 "Strategy 6I: Shared Decisionmaking," *Agency for Healthcare Research and Quality*, October 2017, https://www.ahrq.gov/cahps/quality-improvement/improvement-guide/6-strategies-for-improving/communication/strategy6i-shared-decisionmaking.html#ref8.
33 Zolnierek & DiMatteo; National Business Coalition on Health, "NBCH Action Brief: Shared Decision Making," Patient-Centered Primary Care Coalition, July 2012, https://www.pcpcc.org/sites/default/files/resources/ NBCH_AB_ DECISIONMAKING_C.pdf.
34 Ibid; Elizabeth C. Devine & Thomas D. Cook, "A Meta-Analytic Analysis of Effects of Psychoeducational Interventions on Length of Postsurgical Hospital

Stay," *Nursing Research* 32, no. 5 (1983): 267.
35 Brian Fung, "The $289 Billion Cost of Medication Noncom-pliance, and What to Do About It," *The Atlantic*, September 11, 2012, https://www.theatlantic.com/health/archive/2012/09/the-289-billion-cost-of-medication-noncompliance-and-what-to-do-about-it/262222/.
36 Annie McKee, *How to Be Happy at Work: The Power of Purpose, Hope, and Friendship* (Boston: Harvard Business Review Press, 2018), 9.
37 Bhali Gill, "Empathy is Crucial to Any Personal or Professional Relationship—Here's How to Cultivate It," *Forbes*, November 17, 2017, https:// www.forbes.com/sites/bhaligill/2017/11/17/empathy-is-cru-cial-to-any-personal-or-professional-relationship-heres-how-to-cultivate-it/#73b0f3ae7961; Masoumeh Tehrani-Javan, Sara Pashang & Maryam Mashayekh, "Investigating the Empathy Relationship and Interpersonal Relationships Quality Among Senior Managers," *Journal of Psychology & Behavioral Studies* 4, no. 1 (2016): 17.
38 Sharing Mayo Clinic, "After Back Surgery, Jamie Ruden's on the Court Again and Looking to Help Others," Mayo Clinic, July 31, 2019, https://sharing.mayoclinic.org/2019/07/31/after-back-surgery-jamie-rudens-on-the-court-again-and-looking-to-help-others/.
39 Ibid.
40 Ibid.
41 Ibid.
42 Ibid.
43 Ibid.
44 Ibid.
45 Ibid.
46 Ibid.
47 Ibid.
48 Ibid.
49 Alex Faickney Osborn, *Principles and Procedures of Creative Writing* (New York: Scribner, 1957), 228–229.
50 Ibid.
51 Donald W. Taylor, Paul C. Berry & Clifford H. Block, "Does Group Partici-pation When Using Brainstorming Facilitate or Inhibit Creative Thinking?," *Administrative Science Quarterly* 3, no. 1 (June 1958): 43.
52 Marvin D. Dunnette, John Campbell & Kay Jaastad, "The Effect of Group Par-ticipation on Brainstorming Effectiveness for 2 Industrial Samples," *Journal of Applied Psychology* 47, no. 1 (1963): 36–37.

收入囊中：赢得谈判
1 Andrea Kupfer Schneider, "Aspirations in Negotiations," *Marquette Law Review* 87, no. 4 (2004): 676.

2 G. Richard Shell, *Bargaining for Advantage: Negotiation Strategies for Reasonable People* (New York: Viking, 1999), 30–34.
3 Roger Fisher, William Ury & Bruce Patton, *Getting to Yes: Negotiating Agreement Without Giving In* (New York: Houghton Mifflin, 1991), 88.
4 Daniel Kahneman, Jack L. Knetsch & Richard H. Thaler, "Experimental Tests of the Endowment Effect and the Coase Theorem," *Journal of Political Economy* 98, no. 6 (Dec. 1990): 1328.